W0370578

Un si long chemin jusqu'à moi

Fabienne Périneau

Un si long chemin jusqu'à moi

roman

DENOËL

© Éditions Denoël, 2016

À Denis,
mon frère jumeau,
à Cassandra et Asia,
mes filles

« Je suis né, je commence encore une fois. »

Jacques Audiberti

C'est là que tout avait recommencé.

Impossible d'atterrir ou de décoller à l'aéroport de Roissy.

Dix-huit heures.

Il ne l'a pas remarquée tout de suite.

Elle n'est pas remarquable non plus, avec son visage enfoui derrière ses longs cheveux bruns. Ses yeux bleus, rouges de trop de larmes. Son teint fané par les cigarettes et les verres d'alcool ingurgités ces dernières semaines. Son pull taché de morve et de rimmel. Ses bottes sales de tant de gadoue.

Le corps éteint dans un imperméable noir, le ventre rongé par une bande de rats qui grouillent à l'intérieur, ce ventre qui lui fait si mal.

Depuis quatre mois, Arielle grelottait de tristesse.

Elle est assise sur un de ces bancs en fer gris, international, froid, sans géographie précise.

Dans le hall, des voyageurs, arrêtés dans leur envol. Un jeune couple s'engueule, leur voyage de noces au Mexique est remis à plus tard. Un guitariste en jean sort sa guitare. Un homme, polo et pull cachemire, s'excuse au téléphone, il ne rentrera pas chez lui ce soir, soulagé, il raccroche et respire. Un groupe de touristes marseillais parle anglais à un groupe de touristes libanais. Un homme d'affaires, en transit, desserre sa cravate. Une jeune fille blonde regrette son short enfilé trop vite, Bangkok ce n'est pas pour demain. Un Asiatique éteint son portable, sa femme remonte ses chaussettes. Un Zimbabwéen, en tongs et Ray Ban, explique à une journaliste que son visa français expirera dans deux heures, et qu'il sera donc officiellement clandestin. Le guitariste gratte deux accords. Un couple de vieux, qui en a vu d'autres, se donne la main. Deux petites filles, longues en jambes, jouent à maison magique sous le regard émerveillé de leurs parents qui n'en reviennent pas de tant de grâce. Dans un coin, une femme en fauteuil roulant patiente le temps que la vie s'écoule.

Qu'on soit d'ici ou là, peu importe, on est tous en transit.

Arielle attend.

À côté d'elle, Mathieu, son mari, concentré sur ses derbys en cuir marron clair, Anilou Mélèze, c'est la dénomination exacte dans le catalogue. Il ne regrettait vraiment pas son choix d'investir deux fois par an dans une belle paire de chaussures, hors de prix certes, mais indémodable et inusable. Elles sont vraiment impeccables, comme neuves. Le vendeur avait insisté, ne pas mégoter sur le cirage, faire un roulement, ne pas les porter deux jours de suite. Peut-être qu'il devrait les faire ressemeler, au bout de huit ans peut-être que… ? Oui, huit ans. Quelques semaines après avoir rencontré Arielle. Elle l'avait accompagné, et ils avaient choisi le modèle et la couleur ensemble. Il allait toujours dans la même boutique, boulevard des Capucines, le vendeur le reconnaissait ou peut-être faisait-il semblant, mais depuis deux ans il allait acheter ses chaussures seul.

Il soupire, regarde les grandes horloges noires suspendues aux murs de l'aéroport.

Dix-huit heures neuf.

Il se lève.

« Quel bordel ! »

Arielle se déplie, regarde le ciel au loin derrière les grandes baies vitrées, le ciel qui couvre le tarmac d'une ombre gigantesque.

Elle attend. Non qu'elle refuse de croire, comme certains, qu'en 2010 le trafic aérien puisse être tout à coup bloqué par un volcan islandais, un certain Eyjafjöll, imprononçable et inconnu, non, elle attend qu'un nuage lui dise quelque chose.

Dix-huit heures dix.

« Mais quel bordel ! Quel bordel ! »

Le portable de Mathieu sonne dans le fond de sa poche. C'est la clinique.

« Oui, Corinne ! »

Mathieu est gynécologue obstétricien, une sommité dans le genre.

Il est d'astreinte ce samedi-là, et donc joignable. De toute façon, toujours joignable. Sept jours sur sept. Depuis deux ans, il a opté pour une relation privilégiée avec ses patientes, et sa réputation s'en était accrue. Toujours joignable, aucune surprise le jour de l'accouchement, il était là quoi qu'il arrive.

« Oui, toujours à l'aéroport, Corinne, tout est bloqué… Faites poser la péridurale, que voulez-vous que je vous dise ? Tenez-moi au courant ! »

Il raccroche. Se rassied. Le regard noyé dans le fond d'écran de son téléphone portable.

Ce n'était pas possible. Pas possible. Depuis deux ans, il n'avait raté aucun accouchement, et cette fois, plus encore que les autres, il fallait qu'il soit là.

« Arielle… »

Qu'est-ce qu'elle regarde ?

Avec son pied gauche, Arielle dessine des ronds sur le sol en ciment gris de l'aéroport.

Avec son pied droit, Mathieu tape dans un ballon de foot imaginaire.

Il dribble plusieurs fois. Il faut qu'il marque.

Heureusement que Corinne est là. Bien sûr, il peut faire confiance à toute son équipe de sages-femmes, mais Corinne est exceptionnelle. Avenante, souriante, ferme, douce avec les mamans et un brin sexy avec les papas, toujours là. On peut dire qu'il y a deux ans elle avait été bien présente, et qu'elle seule l'avait aidé à surmonter l'épreuve. Elle avait même accepté de rompre avec élégance.

Arielle se lève.

Mais qu'est-ce qu'elle a encore ?

Où elle va comme ça ?

Elle se colle à la baie vitrée. Son corps absorbe le froid du carreau.

Elle regarde les avions, leurs ailes inutiles et gelées sur la piste, les passerelles à moitié dépliées, de gros tuyaux transparents, énormes, emboîtés dans d'autres tuyaux. De gros intestins vides et inutiles sur le tarmac.

Tout ce qu'il reste, c'est de la merde.

Tous ceux qui restent, c'est de la merde.

La nausée monte. Elle sent l'humide sous les aisselles, se laisse glisser sur le sol, s'enferme dans son imperméable, les larmes coulent, de partout, par les yeux, les oreilles. Elle va se décomposer sur place.

Elle tire le rideau.

Personne ne peut la voir. Personne ne peut voir que son corps est fendu en deux depuis le coup reçu, que la moitié d'elle-même est morte et que celle qui reste lui donne envie de hurler, qu'elle ne pourra plus se lever, prendre ou ne pas prendre cet avion.

Qu'elle ne veut plus.

Ne veut plus rester, là, dans cette vie où depuis quatre mois…

« Arielle… »

Elle se retourne, accroupie comme un mendiant qui n'espère même plus une pièce pour le sauver de la misère.

Mathieu est devant elle. Derrière le rideau de ses cheveux, elle devine les chaussures impeccables qui s'agitent, impatientes.

« Arielle, lève-toi, tu veux ? »

Et comme elle ne bouge pas :

« Arielle ! Ce n'est pas dramatique, non plus ! Enfin si… Mais qu'est-ce que tu veux que j'y fasse ? Si ça se trouve, dans trois jours tout ça sera terminé. D'ailleurs, faudra bien qu'un jour tout ça se termine, moi, je n'en peux plus, lève-toi ! »

Mathieu regarde les horloges au mur, vérifie que l'heure est la même à sa montre. C'est bien la même.

Et tous ces gens autour qui les regardent.

« Arielle !… Tu ne vas pas rester comme ça. Lève-toi, viens. »

Mesdames, Messieurs, votre attention s'il vous plaît…

Les haut-parleurs font taire tout le monde dans l'aéroport, Mathieu compris.

Les voyageurs à destination de Bombay, Londres, Tokyo, Düsseldorf et Toulouse sont priés de se rendre au comptoir de leur compagnie. Nous vous remercions de votre compréhension.

« Tu as entendu ? Ils ont dit Tokyo, c'est ton vol ! Il faut y aller, lève-toi. Arielle ?… Bon, moi j'y vais. J'y vais tout seul ? Je te laisse ? Je te laisse là ? »

Il lui tend la main. Cette femme est sa femme, il ne peut la laisser comme ça tout de même, au milieu de l'aéroport. Et si quelqu'un venait à le reconnaître, avec sa femme assise par terre, comme une gosse. C'est ça, c'était une gosse. Elle réagissait comme une gosse.

Arielle regarde cette main tendue, elle est si fatiguée.

« Lève-toi ! Tout le monde nous regarde. Tu ne vois pas que tout le monde nous regarde ! Lève-toi ! Allez… »

La honte. Il déteste avoir honte.

Combien de fois, depuis quatre mois, le lui a-t-il répété ?

Faut savoir être en peine dignement. La tête haute et l'œil sec. De la pudeur. Savoir regarder ailleurs ! En Afrique, en Inde, en Tchétchénie, en Haïti. En Haïti justement, avec ce tremblement de terre monstrueux, les gens avaient perdu trois, quatre, cinq personnes de leur famille, quelquefois même leur famille entière. Oui, en Haïti, c'était un bon exemple, avec tous ces gens qui vivaient malgré tout, travaillaient, reconstruisaient leur maison, s'entraidaient. Tandis qu'elle, elle avait perdu quoi ? Une personne. Une seule ! Elle, immobile et enfermée dans son chagrin. Immobile et égoïste.

Elle aussi a honte maintenant, honte de s'être laissée aller ainsi, au milieu de l'aéroport.

Elle accepte la main, se laisse faire. Se laisse conduire jusqu'au banc en fer, à nouveau à sa place.

Pour la remercier de l'effort consenti, il lui propose de boire quelque chose, il peut aller lui chercher un café si elle veut.

Arielle essuie son nez, sa bouche et ses yeux dans son imperméable. Elle voudrait essuyer son cœur, mais elle n'arrive pas à l'atteindre.

« Arielle, je te parle, tu veux un café ? »

Et comme elle ne répond toujours pas :

« Bon, je t'en prends un, je vais au comptoir, je me renseigne et je reviens. Je te rappelle que je ne peux pas rester ici plus longtemps, qu'on m'attend. Corinne m'a appelé, c'est imminent. Tu ne bouges pas, d'accord ? »

Elle le regarde s'éloigner, bien droit dans son manteau noir en cachemire, les mains crispées dans le fond de ses poches, la nuque raide, regrettant son impatience, ou son trop de patience, pestant contre cette putain de vie qui est devenue si compliquée.

« Excusez-moi… »

Un homme en costume gris dépose son sac devant elle, à ses pieds, un sac de voyage qui en a vu d'autres, mais disponible malgré tout à d'autres contrées.

Il ne l'avait pas remarquée tout de suite, mais maintenant qu'il est là tout près…

« Jack. Jack Kowalsky… »

La voix dans le haut-parleur l'interrompt : *Mesdames, Messieurs, votre attention s'il vous plaît…*

« Excusez-moi, il faut que je…

— Oui, bien sûr. »

… Suite à l'éruption soudaine du volcan Eyjafjöll, les vols à destination de Bombay, Londres, Tokyo, Düsseldorf et Toulouse sont annulés. Les passagers en transit sont priés de se rendre aux comptoirs des compagnies correspondantes pour plus d'informations. Nous vous remercions de votre compréhension. Your attention please…

Arielle regarde cet homme à côté d'elle, sans le voir.

Il ne l'avait pas remarquée tout de suite, mais cette silhouette d'abord, le ton de sa voix maintenant, il en est sûr, c'est elle.

« Jack, Jack Kowalsky, je crois que… »

Arielle ne l'écoute pas, elle reste suspendue aux informations que distille le haut-parleur. On la dirait déjà partie en voyage.

L'homme sourit de cette absence. Oui, jusqu'à cette façon de s'absenter, on ne sait trop où, jusqu'à cette façon…

« Arielle, tu as entendu ? »

Mathieu est revenu. Il passe sa main devant le visage d'Arielle, il faut qu'elle se réveille.

« Tu as entendu ? Tous les vols sont annulés, personne ne part. Personne ! Pas plus à Tokyo qu'ailleurs ! On y va, je te ramène ! Je te rappelle qu'Arielle va accoucher d'un moment à l'autre.

— Adèle. Pas moi…

— Non ça, pas toi, je sais ! Pourquoi ? Qu'est-ce que j'ai dit ?

— Arielle.

— Oui, Adèle ! Je ne sais plus où j'en suis, moi, avec tout ça ! On y va ? »

Et comme Arielle ne bouge pas :

« Arielle ! Corinne est en train de prévenir le docteur Sarus ! Si ça se trouve c'est lui qui va faire l'accouchement à ma place, tu imagines ? »

Ce n'était pas une question de compétence, Mathieu détestait critiquer ses confrères et qui plus est ses associés. Dans le corps médical, on fait corps. Mais pour Adèle… Plus que pour n'importe laquelle de ses patientes, il doit être là, et Arielle le sait bien, combien de fois en ont-ils parlé.

C'est à lui et non à Sarus de s'occuper de sa belle-sœur Adèle, à lui et non à Sarus de montrer à son frère Benoît que… Benoît, un homme qui a tout réussi, travail, grand patron d'une usine pharmaceutique, famille, il en est à son troisième enfant, il connaît sa femme depuis ses dix-huit ans, et il n'y a jamais eu entre eux la moindre tentative de divorce.

Si Benoît et Mathieu ont choisi des femmes avec les mêmes consonances dans les prénoms, une espèce de similitude dans ce choix, la ressemblance entre les deux frères s'arrêtait là. Benoît avait toujours considéré son petit frère comme quelqu'un qui ne parviendrait jamais à se hausser jusqu'à lui. Et de ce fait, Mathieu avait longtemps regardé Benoît comme ces statues que l'on contemple béat dans les églises, hors d'atteinte. Mais depuis huit ans, depuis qu'il avait rencontré Arielle, Mathieu avait décidé qu'il avait sa place à cette hauteur, que le petit frère, c'était fini.

Cet accouchement devait donc aller comme sur des roulettes et montrer que Mathieu aussi était un grand patron, un orfèvre de l'obstétrique sur la place de Paris.

« Tu sais bien que je ne peux pas rater ça ! En plus, je me demande s'il ne va pas lui falloir une césarienne ! Lève-toi, on y va ! Il y a un monde, tu n'imagines pas, je n'ai même pas pu atteindre la machine à café, alors pour trouver un taxi, ça doit être l'enfer ! »

À bout d'arguments, Mathieu prend sa femme par le bras, qu'elle se lève. Qu'elle se lève de ce putain de banc à la con !

« Arielle, bouge, merde !

— Si je peux faire quoi que ce soit ? »

La voix vient de derrière, masculine, un léger accent anglais.

Mathieu lâche le bras d'Arielle et se retourne.

Un homme en costume gris lui tend la main.

« Je suis en voiture, je rentre à Paris, je peux vous ramener si vous voulez. Jack… »

Mais de quoi il se mêle cet Anglais tout en longueur avec sa coupe de premier de classe et son air de bonne sœur ? On ne lui a rien demandé !

« On va se débrouiller, merci ! »

Mathieu se débrouille toujours tout seul, il n'a besoin de personne. Il préfère se perdre avec son GPS plutôt que de demander son chemin à quelqu'un, s'emmêler dans les fils électriques plutôt que de s'adresser à un spécialiste, résoudre seul ses problèmes personnels plutôt que d'en parler à ses amis, et s'il a un doute sur un mot, un doute sur un événement historique ou politique, il décide qu'il sait, mais ne demande jamais d'aide à qui que ce soit.

L'homme en costume gris insiste.

« Vous savez, ça ne me dérange absolument pas, je rentre à Paris, donc si vous voulez…

— Ça va aller ! Merci ! Arielle ?…

— C'était avec plaisir.

— Arielle, lève-toi ! Mais qu'est-ce qui m'a pris ? Qu'est-ce qui m'a pris de venir ici ! »

Il avait fallu en plus que sa voiture tombe en panne deux jours plus tôt. Il n'était donc pas autonome, il détestait ça.

« Vous n'êtes pas le seul, vous savez, tout le monde s'est laissé piéger par ce volcan islandais, l'Eyja… Eyjaooeufall… foll… imprononçable, non ? C'est sûr que, pour trouver un taxi, ça ne va pas être évident. Vous avez bien raison de vous inquiéter parce que… »

Le portable de Mathieu sonne. C'est la clinique. Il s'éloigne. Il déteste étaler sa vie privée devant tout le monde. Il a toujours trouvé ça indécent, à la limite de la pornographie, ces gens qui déballent haut et fort leurs bonnes ou leurs mauvaises nouvelles, dans les salles d'attente, le bus ou le métro. Bien sûr, ça pouvait lui arriver, mais uniquement quand il le décidait et jamais par inadvertance. C'était une question d'auditoire. S'il avait par exemple une nouvelle patiente, une vedette de cinéma ou la femme d'un homme politique, parfois elle était les deux, et vedette de cinéma et femme d'homme politique, il aimait le faire savoir à un ami, une connaissance, une femme particulièrement attirante. Il appelait Corinne, sous n'importe quel prétexte, et afin que tout le monde entende, surtout la femme particulièrement attirante, il répétait le nom de la nouvelle patiente plusieurs fois, à haute et distincte voix. Et quand il raccrochait on le regardait, lui semblait-il, avec beaucoup plus de considération. Mais là, cet Anglais qui s'accrochait à eux comme une tique à un chien, il n'en avait rien à cirer.

L'homme se présente à nouveau.

« Oui, Jack Kowalsky... »

Arielle sort de son silence, elle a mal entendu sans doute.

« Jacques ?

— Non, Jack, avec un C, comme... comme...

— Oui ? »

Elle attend.

L'homme hésite, il va dire quelque chose, mais il attend, lui aussi. Que la situation se débloque ? Qu'un avion décolle ? Qu'un oiseau passe ? Mais rien, rien ne se débloque, rien ne se passe, rien ne fonctionne, ce samedi-là, à l'aéroport de Roissy. Et comme ce qu'il attend ne viendra pas, il ajoute :

« Jack, avec un C, à l'anglaise. »

Il porte un costume gris à fines rayures noires, des chaussures en daim marron et, au bout de son bras gauche, une sacoche en cuir beige. Il est grand, mince, un brin dégingandé, plutôt brun, le brun de ceux qui arrivent à la quarantaine, c'est-à-dire déjà teinté de poivre et sel, des cheveux ni trop courts ni trop longs, des yeux marron, ni trop noirs ni trop clairs, une bouche sincère et gourmande. Il sourit. Un sourire étonnant, un sourire endurant. Il a l'air gentil, gentil avec tout le monde, sans distinction. Le genre à prêter son portable à une vieille dame pour qu'elle appelle sa fille à l'autre bout de la France, le genre à prévenir le restaurant s'il annule au dernier moment, à organiser les vacances de ses parents, à s'occuper de ceux qui paniquent.

Un éclat de voix sur le banc d'à côté. Une femme d'une soixantaine d'années, derrière son chariot où s'entassent une montagne de bagages de marque, craque. Autour d'elle, un groupe de voyageurs à bout de patience, eux aussi.

« Inadmissible, c'est le mot, je suis bien d'accord avec vous ! Moi, monsieur, je n'arrive même pas à savoir quand le prochain vol pour Genève va décoller !

— Mais aucun avion ne décolle, madame.

— Même pour Genève ? Genève c'est quand même…

— Même pour Genève ! Tout est bloqué.

— Mais j'ai un billet *business class*, moi, j'ai droit à…

— *Business class* ou pas, c'est la même chose. »

La femme avec ses bagages hors de prix, donc hors normes donc hors des autres, s'emporte de plus en plus, c'est quand même la première fois de sa vie qu'elle voit ça ! Tout le monde sait que les avions décollent si on veut bien qu'ils décollent ! Si on fait un effort pour ça ! Si on veut bien faire un effort, évidemment ! Il n'y a qu'à voir pendant la guerre… Tous les avions décollaient. Ce n'était pas parce qu'il y avait de la pluie, un orage ou de la cendre qu'ils ne décollaient pas. Mais aujourd'hui, ah ça aujourd'hui, on se laisse impressionner par un volcan ! C'est le progrès !

« Il n'y a que les Français pour ça !

— Il n'y a pas qu'en France, madame, une partie de l'Europe…

— Oui, l'Europe ! Laissez-moi rire ! L'Europe ! Si elle est si forte que ça l'Europe, elle n'a qu'à se coaliser contre cet Eyja… Eyja machin, là ! Montrer que pour une fois elle sert à quelque chose, l'Europe ! Qu'est-ce qu'on va faire, monsieur, qu'est-ce qu'on va faire ? Moi, je ne sais pas ! Je suis là et je ne sais pas ! Pas d'avion, les trains sont en grève, le Hilton complet, je viens de leur téléphoner… Je ne peux tout de même pas dormir là, par terre ! Avec tous ces gens… »

Elle montre le hall de l'aéroport en partie, déjà, transformé en dortoir.

« Tous ces gens… »

Elle se penche à l'oreille de son interlocuteur et lui susurre comme une confidence :

« Ces gens qui puent. »

L'homme détourne la tête, il essaie à son tour de cacher son dégoût. Cette femme, avec tous ces bagages si distingués, a une haleine pestilentielle, une odeur de crème fraîche qui aurait tourné.

Mais la femme hausse le ton, elle a pour habitude qu'on l'écoute quand elle parle. Pour un peu, on la prendrait pour une grande prédicatrice, ou une femme politique en campagne électorale. Oui, ce pays, la France, est devenu un pays de lâches, messieurs dames, un pays qui baisse la tête devant la moindre difficulté ! Il ne faudra pas s'étonner si, un jour, un homme ou une femme avec un peu plus d'envergure que la moyenne, oui, une femme sans doute, tape un grand coup sur la table, et mate tous ces incompétents, tous ces lâches qui abdiquent ! Parce que c'est bien ce dont il est question aujourd'hui devant cette petite difficulté géologique, d'abdication.

Autour d'elle, comme dans tout bon meeting politique, on commence à se mêler de la conversation, on prend parti : il y a ceux qui sont pour, il y a ceux qui sont contre. Contre ce pays, l'Islande, où chaque mot s'éructe comme un patois du fin fond de l'Alsace, si encore il s'était agi du Vésuve ou de l'Etna, ça au moins c'eût été facile à prononcer, on aurait pu en parler dans les dîners sans être ridicule, mais Eyjafjöll c'est imprononçable ! Quelle idée de se mettre au premier rang de l'actualité avec un nom pareil ! Contre les vulcanologues qui auraient dû, pu, faire leur travail, étudier un peu mieux l'évolution des mouvements telluriques ! Ils auraient dû prévoir, et les voyageurs, eux, auraient remis leur départ à plus tard, une fois l'éruption passée. Sinon… sinon à quoi bon la technologie ? Les ordinateurs et tout le tremblement ? À quoi bon cet argent que l'État dépense pour la recherche scientifique ? Il ferait mieux de s'occuper de… de la sécurité par exemple ! Contre les pilotes qui sont censés, on les paie suffisamment cher, savoir conduire un avion par tous les temps, avec ou sans cendres ! Contre les ingénieurs, les mécaniciens, les constructeurs qui ne sont même pas foutus de penser à la maîtrise du moindre petit dysfonctionnement de la nature. Mais surtout, oh oui, surtout, il y a ceux qui sont contre les compagnies aériennes qui se révèlent incapables de gérer la situation. Car enfin ils sont tous laissés là, à l'abandon, dans cet aéroport, sans un plateau-repas, sans la moindre goutte d'eau !

Et puis il y a ceux qui sont pour, pour les accidents de la vie, parce qu'ils redonnent le goût de l'imprévu. Pour que la nature reprenne ses droits et montre enfin à l'homme qu'il n'est pas tout-puissant sur cette terre. Pour les grèves, pour les pannes, pour les éruptions volcaniques parce que ces moments-là révèlent à tous les humains qu'ils sont égaux et frères devant l'adversité. Et que savoir accepter ces accidents-là est un acte politique. Oui, accepter ces accidents-là, c'est faire entrer de la démocratie !

On discute, on argumente, ceux qui sont contre font beaucoup plus de bruit que ceux qui sont pour, mais tout le monde tombe d'accord sur une chose : la nature est imprévisible, voire impitoyable.

Ça philosophe ferme sur le banc d'à côté.

Mathieu, lui, n'aime pas la philosophie, il n'a pas que ça à faire, il travaille douze heures par jour, quelquefois même vingt-quatre heures d'affilée, il n'a pas le temps, lui, de philosopher.

« Arielle ! On y va ! Elle va accoucher, je te dis ! Si ça se trouve dans dix minutes c'est fait ! Alors maintenant tu te lèves et on y va ! Je ne sais même pas comment on va faire pour trouver un taxi ! »

Jack Kowalsky ne philosophe pas non plus, mais il a pour habitude de ne pas abandonner au premier échec, c'est un persévérant, donc il propose encore une fois :

« Si vous voulez, je vous emmène, ça me fait plaisir, vraiment… »

Mathieu se fige. Hésite. Accepter ? Ou attaquer ? On dirait un chien qui avant d'aller pisser renifle un arbre, puis un deuxième, puis un troisième. En tant que chien, il aurait bien choisi le deuxième, parce que cet Anglais, il avait du mal à le supporter, mais en tant qu'obstétricien il se devait de choisir le premier, la future accouchée n'attendra certainement pas un arbre plus plaisant. Donc, il accepte.

Jack se félicite intérieurement de son sens de la négociation, mais se garde bien d'en faire étalage devant cet homme qui lui semble aussi explosif que le volcan islandais.

Il va pour prendre la valise d'Arielle, Mathieu l'arrête tout net : c'est sa femme et par conséquent sa valise.

« Vous permettez ?

— Bien sûr, oui, bien sûr. Je suis au parking…

— Allons-y. »

Mathieu téléphone à la clinique, il sera là dans la demi-heure, Corinne peut rassurer Adèle, mais surtout Benoît, et prévenir l'anesthésiste, avec un peu de bonne volonté, et là Mathieu se tourne ostensiblement vers Jack, il arrivera à temps.

Arielle suit.

Quand il se retourne, Jack s'aperçoit qu'elle boite légèrement, comme si la moitié d'elle-même allait de l'avant et que l'autre moitié restait en arrière.

C'est au troisième sous-sol.

Arielle, Mathieu et Jack respirent maintenant le même air dans cette voiture, alors que chacun d'eux aurait dû se trouver ailleurs.

Arielle dans un avion pour Tokyo.

Jack dans un autre pour Londres.

Et Mathieu dans une clinique à Paris.

Si l'Eyjafjöll ne s'était pas réveillé, la vie les aurait dispersés.

Une place triangulaire dans le neuvième arrondissement.

Mathieu remercie du bout de lèvres, claque la portière de la voiture et file à son accouchement.

Sur la place, des cafés et des restaurants, indiens pour la plupart.

Il est dix-neuf heures trente, il fait gris et déjà nuit.

Jack se tourne vers Arielle, assise sur la banquette arrière. Sur le chemin depuis l'aéroport, il n'avait cessé de la guetter dans le rétroviseur, pas une seule fois elle n'avait interrompu son absence.

« Et maintenant, chère madame, où va-t-on ?

— C'est gentil, merci, je vais prendre un taxi.

— C'était avec plaisir, vraiment. Je ne pouvais pas vous laisser comme ça… Je vous voyais en train d'accoucher dans le hall de l'aéroport au milieu des bagages. Avec la meute de journalistes qui rôde, vous auriez fait la une de tous les quotidiens. Je vois déjà ça : une des premières victimes du volcan Eyja… Eyjafojöl… Eyje… du volcan Eyja… fjöll, Eyja… jafjoel, Fjöl… »

Arielle sourit.

« Eyjafjöll.

— Oui, Eyja… fjöll, Eyja… jafjoel… Fjöl… Eyjafjöl ! Regardez, moi aussi je dis ça très bien maintenant. Eyjafjöll. Le volcan Eyjafjöll. Vous ne trouvez pas ? Vous me vexez, vous ne trouvez pas que je dis ça très bien ?

— Si.

— Une des premières victimes du volcan Eyjafojöl, madame… ?

— Arielle Senger.

— Mme Arielle Senger accouche seule dans le hall de l'aéroport au milieu des passagers en transit. Belle manchette, non ?

— Ce n'est pas moi qui devais…

— J'ai bien compris, oui, mais il y a accouchement et accouchement.

— Oui… Merci… Il faut que j'y aille maintenant.

— Attendez. On pourrait peut-être… ? Parler tranquillement. Vous ne connaissez pas un endroit, où on pourrait… ? Ce n'est pas du tout mon quartier, ici. Un café, un restaurant, où vous voulez. On peut boire un verre, manger quelque chose, j'ai tout mon temps.

— Non merci.

— Non ? L'Eyjafjöll se réveille, et vous ne voulez pas fêter ça ? Un volcan qui s'était endormi depuis des siècles et qui tout à coup renaît, ressuscite, c'est magnifique, ça se fête, vous ne croyez pas ? Vous ne croyez pas qu'un tel événement se fête ?

— Oui…

— Oui vous voulez ? Ou oui vous ne voulez pas ?

— Oui, je veux bien, je…

— Très bien. »

Le premier restaurant venu, Jack saute sur l'occasion.

« Dedans ? Dehors ?

— Dehors. »

Comme ça elle pourra fumer.

Elle devrait arrêter, elle sait qu'elle devrait. Tous les soirs elle se promet de le faire, tous les soirs elle trouve les bonnes raisons, et le matin elle les a oubliées. S'il n'avait pas fumé, lui, peut-être ? Peut-être que… ? Elle avait regardé sur Internet, il était possible que ce soit lié au tabac. Tabac et stress, ce n'était pas bon, pas bon du tout. Les deux ensemble pouvaient être une cause de… Elle aurait pu demander à Mathieu, si ça pouvait, si c'était vraiment une cause de… Même si ce n'était pas sa spécialité. Il aurait pu l'envoyer voir un de ses confrères neurologues, qui lui aurait tout expliqué. Ça avait été si brutal. Si inattendu. Pour elle, inexplicable. Et l'inexplicable, intolérable. Mais Mathieu préférait éviter le sujet. Les choses en étaient arrivées là où elles en étaient arrivées, on n'y pouvait plus rien, les médecins avaient fait ce qu'ils avaient pu. Tout ce qu'ils avaient pu. À quoi bon vouloir comprendre maintenant ? De toute façon, Mathieu ne remettait jamais en question le diagnostic d'un confrère, de même qu'il détestait qu'on remette en question le sien.

Une cigarette. Jack se propose de l'allumer. Non, il ne fume pas, mais il a toujours un briquet sur lui au cas où… Où une jeune femme prendrait une cigarette, et n'aurait pas de feu sur elle. Lui, Jack Kowalsky était là. Toujours.

« Dites-moi… Qu'est-ce que vous alliez faire à Tokyo ?

— J'allais voir les cerisiers. En ce moment, ils sont en fleur et…

— Et… ? »

Un peu de cendre tombe sur la manche de son imperméable. Arielle l'efface doucement. Reste un moment dans son geste, plongée à l'intérieur.

« Et… ? »

Elle lève la tête. La place, les cafés, cet homme assis en face d'elle. Un temps, elle ne se souvient plus pourquoi elle est là.

« Vous me disiez ?… Tokyo ?… Vous alliez voir des cerisiers en fleur ?

— Oui… Au Japon, c'est très courant. Les gens se déplacent en famille, ils pique-niquent sous les branches, le dimanche, et ils regardent les fleurs. Ils viennent de très loin pour ça, d'autres villes, d'autres pays… »

Jack connaissait Tokyo. Il avait dû y aller plusieurs fois pour ses affaires. Il avait vu les cerisiers en fleur. Le printemps. Le hanami. La vie à nouveau. Il comprenait. Et puis, malgré les tsunamis, les tremblements de terre, les problèmes nucléaires, le Japon était un pays qui se relevait, et qui marchait.

« Un peu comme un crabe qui avance malgré tout vers la mer. »

Arielle écrase sa cigarette.

« Comment vous savez ?…

— Quoi ?

— Vous avez remarqué, vous aussi ? Que le Japon…

— Pourquoi je ne l'aurais pas remarqué ?

— Il faut que j'y aille.

— Pourquoi je ne l'aurais pas remarqué, dites-moi ? »

La serveuse arrive. Jack commande du vin et du pâté en croûte. Et pour elle ? Rien, merci, elle n'a pas faim, il faut qu'elle y aille, vraiment.

« Juste un verre, et on parlera de tout ça, vous voulez bien ? Ça me fait plaisir vraiment.

— D'accord. »

Donc ce sera du pâté en croûte, une assiette de fromages et une bouteille de pauillac.

Jack adore la cuisine française. Il aime beaucoup la France, son alternance géographique, politique. Il aime le bœuf limousin et l'agneau du Quercy, le roquefort et le pont-l'évêque, les vins, avec une préférence pour les médocs. Ah bon ? Lui aussi ? Comment ça lui aussi ? Non, excusez-moi… Et il aime les actrices françaises, pas le cinéma français, mais les actrices françaises. Et elle ? Elle aime l'Angleterre ? Elle n'aime pas spécialement la reine et ses petits princes, elle aime le Christmas pudding et elle a un faible pour les acteurs anglais, parce que, avant d'être

James Bond, ils ont été Hamlet ou Macbeth. Mais maintenant il faut qu'elle y aille.

« Vous avez froid ?

— Non…

— Vous voulez autre chose, un thé, du saké, du champagne ?

— Je vous assure, il faut vraiment que j'y aille.

— Il me semblait me souvenir que c'est seulement à minuit que les princesses se changent en citrouille. »

Jack regarde sa montre, une montre en acier chromé.

« Et il n'est que dix heures… Je vous raccompagne ?

— Ça va aller, merci.

— Je vous laisse ma carte, vous m'appelez dès que vous êtes rentrée. Imaginez, s'il vous arrive quelque chose, je me sentirai responsable. Très… Si vous tombez sur un horrible personnage, ou pire un prince charmant et qu'il vous enlève, et que je ne vous revoie jamais. Non, sérieusement, je vous donne mon numéro, vous m'appelez et vous me dites que vous êtes bien arrivée. Et puis un autre jour, peut-être qu'on pourra… »

Il fouille dans sa sacoche en cuir, lisse, tannée par tant d'années de rendez-vous d'affaires, d'allers et retours en avion entre Paris et Londres, de levers avant l'aube et de réunions jusqu'à onze heures du soir. Il en sort une carte de visite, et la tend à Arielle.

« Vous m'appelez ?

— Oui.

— Vous le faites ? Vous le faites vraiment ?

— Oui. »

Une main tendue de part et d'autre. Rien de plus que de la politesse.

« À tout à l'heure, alors.

— Oui, à tout à l'heure. »

Il la regarde partir, jusqu'au bout, jusqu'à ce qu'elle s'efface complètement dans cette rue qui monte vers les grands boulevards.

Ils n'ont pas reparlé du Japon, la prochaine fois peut-être.

Arrivée chez elle, elle envoie un sms : *Je suis bien rentrée, merci.*

Elle a fermé soigneusement la porte en verre de la maison, double vitrage, antibruit, antivol, anti-intrusion en tout genre.

Elle retrouve sa chambre, s'allonge. Attend.

Son chagrin peut venir.

Et il vient, comme chaque soir, depuis quatre mois.

Le lit, l'hôpital.

Lui déjà autre sur le lit.

Ses mains.

La gauche au-dessus de la droite. Elle les avait reconnues tout de suite, dès qu'elle était arrivée dans le couloir, après le sas. Elle les avait reconnues à travers la vitre de la chambre. Ses mains pareilles à celles d'un Christ prêchant dans un tableau du Caravage. Tellement blanches. Et déjà ridées à presque quarante ans, parce que tellement fine la peau.

Elle avait détesté.

Détesté cet habit en papier bleu, enfilé dans le sas.

Et bien se laver les mains.

Et mettre les chaussons en papier blanc.

Et le chapeau bleu pour les cheveux.

Et jeter le tout dans la poubelle avant de partir.

C'est vrai qu'elle aurait pu partir comme ça ! Pour un soir de fête, un réveillon, ç'aurait été original une femme bleue en papier d'hôpital !

Détesté ce médecin surdiplômé, ses cheveux blonds et sa raie sur le côté, sa voix douce et ses yeux mouillés, qui le connaissait sans doute, oui, ils avaient dû faire les mêmes études, au même endroit, au même moment, ils avaient à peu près le même âge, qui lui avait bien fait comprendre que dans quelques heures ce serait… Qu'il n'y avait plus rien… Qu'une opération serait sans doute… Que même lui, pour un membre de sa famille, il ne la ferait pas, ou plus.

Que c'était trop tard.

À travers la vitre de la chambre, elle apercevait les mains, la gauche tendue vers le dehors et la droite retenue inexorablement au corps immobile.

« Vous pouvez le voir, si vous voulez. »

Bien sûr qu'elle voulait. Mais le voir comme avant. Alors elle avait enfilé le pyjama et la toque en papier bleu, les chaussons blancs, s'était lavé les mains et était entrée.

Et elle avait vu. De vivant ne restait plus que les mains.

Elle avait détesté.

Détesté.

Détesté.

Et chaque soir, c'est cette vision de lui que la nuit lui

rend, comme un fleuve déverse sur ses rives les immondices de la ville, des mains qui s'éloignent l'une de l'autre et ne se rejoïndront plus.

Son cœur étouffe sous les draps.

Peut-être qu'il n'aurait pas voulu qu'elle vienne, qu'elle le voie dans cet état qui ne lui ressemblait pas ?

Un jour, ils étaient chez leur père, ils terminaient une longue promenade et venaient de photographier un arbre foudroyé, écartelé et sec, au bord de l'étang, il lui avait dit : « Je ne supporterais jamais d'être diminué, ou handicapé, ou dépendant. Si jamais il m'arrive… Je ne veux pas qu'on me laisse vivre comme ça. Promets-moi que tu ne me laisseras pas terminer ma vie comme ça. »

Et elle avait promis.

À l'hôpital, elle ne l'avait presque pas regardé, elle le jure, presque pas. Et de toute façon elle n'avait rien vu à cause des larmes dans ses yeux. Et puis ce n'était pas lui sur ce lit.

Si, si, c'était lui, pardon !

C'était lui !

Elle n'avait pas su quoi lui dire. Et n'avait rien dit.

Elle aurait voulu partir. Que quelqu'un la prenne et la fiche dehors, le temps de visite est écoulé, madame, partez. Que quelqu'un décide à sa place et la fiche dehors ! L'infirmière, le médecin, quelqu'un.

Mais on l'avait laissée décider.

Elle voulait partir, mais ne pas lui dire adieu.

Non, pas adieu !

Pas adieu !

Arielle ferme les yeux.

Quelqu'un.

Elle cherche. Passe en revue des numéros de téléphone.

Quelqu'un à qui parler.

Quelqu'un qu'elle ne dérangerait pas. Qui l'écouterait. Ne s'apitoierait pas. Ne serait pas effrayé.

Quelqu'un !

Quelqu'un qui ne lui parlerait ni de deuil à faire ni de douleur qu'un jour, inévitablement, on sent moins vive.

Quelqu'un qui lui dirait viens. Ou j'arrive. Oui, c'est ça, j'arrive, j'enfile un manteau, j'arrive.

Elle cherche, essaie de se souvenir, mais ne trouve pas.

Personne.

« Arielle… »

Mathieu est rentré.

C'est déjà le matin.

Ils sont arrivés ensemble sans qu'elle s'en aperçoive.

« Arielle ! »

Il s'impatiente en bas.

Elle se lève, enfile un pull et descend.

« Ah, enfin !… »

Il retire son imperméable, met la cafetière en route, deux tranches de pain dans le grille-pain.

Il a passé une nuit épouvantable. Trois accouchements compliqués, une césarienne, évidemment à trois heures du matin, bref, il n'a pas arrêté.

« Et toi ? Toi au moins, tu as dormi ? »

Non, elle n'a pas dormi.

« Ce n'est pas normal, Arielle. Cinq mois, ça commence à faire. Au bout d'un moment, on passe à autre chose, cinq mois c'est…

— Quatre.

— Oui, quatre, si tu veux. »

Elle regarde par la fenêtre. Une pluie fine et grise tombe sans discontinuer. Elle n'a trouvé personne, personne à appeler ou qui aurait pu venir. Ça coule sur son visage comme ça coule dans le jardin.

Mathieu s'approche, après cette nuit sans sommeil il a besoin de la chaleur et de la tendresse d'une femme. Il les a là, à portée de main, il n'a qu'à les prendre sur la peau nue de la sienne. Il va sous le pull bleu marine, trouve les seins, et cette douceur qui le surprend chaque fois. Il a envie de rester là, longtemps.

« Une petite sieste, qu'est-ce que tu en dis ? On n'a pas fait ça depuis… Une petite sieste, toi et moi… »

Il faut qu'elle se mouche, ça dégouline de partout, des yeux, du nez, de la bouche, qu'elle boive quelque chose, son cœur est à sec.

Elle écarte les mains qui se sont introduites, étrangères, sous son pull.

Mathieu les reprend pour lui et, ne sachant quoi en faire, les met dans ses poches.

« Quel temps, mais quel temps de merde ! Tu parles d'un printemps, il fait un froid ! Et en plus il pleut ! On se croirait en novembre ! Si ça continue comme ça, même mon tennis est foutu ! »

Tout foutait le camp ! Le printemps, son tennis, sa femme ! Ça faisait combien ? Presque cinq mois qu'il ne l'avait pas touchée. C'était sa femme quand même, merde ! Même si elle avait des poches sous les yeux à pleurnicher comme ça toute la journée, même si elle traînait le même jean et le même pull depuis des mois, même si elle oubliait de se coiffer, de se maquiller, c'était sa femme.

Et la voilà qui recommence, devant la fenêtre. Avec ses sourires et ses petits signes, on dirait une gamine qui dit au revoir à ses parents avant de partir en colonie de vacances, tu parles d'un printemps !

« Qu'est-ce que tu fais ?

— Je réponds à Daniel.

— Arielle !

— Quoi ?... Il me dit bonjour, je réponds, c'est normal non ?

— Arielle, c'est un cerisier ! Un arbre, à qui tu... Ça fait quatre mois. Il n'y a pas que les morts, bon sang ! Oui, il y a des gens qui meurent, et je suis bien placé pour le savoir, mais il y a aussi des gens qui naissent, des bébés qui naissent, tous les jours, et là aussi je sais de quoi je parle. Arielle ? Tu m'écoutes ? »

Il sent une odeur de colère monter, comme un parfum de misère. Faut que ça sorte, là, maintenant, tout de suite, faut que ça sorte.

« Elle s'appelle Rosalie ! Rosalie ! Au cas où ça t'intéresserait ! »

Arielle ne réagit pas, elle a l'habitude. Quelquefois, il hurle. Contre les hommes politiques et leur politique à la con, contre ceux qui n'avancent pas quand le feu passe au vert, contre ceux qui font des procès à tour de bras, ce qui le rend fou de rage parce que dans son métier il peut s'en prendre un à la moindre occasion.

« Tu m'entends, Arielle ? Ro-sa-lie !

— Quoi ?

— La fille de Benoît ! Benoît mon frère, ça te dit quelque chose ? Elle s'appelle Rosalie ! Je ne sais pas si tu te souviens, mais hier, Adèle, comme toutes les femmes normalement constituées, était enceinte, et comme toutes les femmes normalement constituées, elle a fini par avoir son bébé, c'est même moi qui l'ai fait naître ! Moi ! Moi ! Moi ! Tu me vois, moi ? Dans cette cuisine, dans cette maison, tu me vois ?

— Je...

— Ça va ! Ça s'est bien passé, merci ! Évidemment toi... !

— Quoi, moi ? Quoi ?

— Rien ! »

Il en a sa claque, il est fatigué, il a eu une nuit difficile, des accouchements épuisants, un gosse qui a failli y passer. Et elle devant sa fenêtre, ce matin encore, il faut qu'elle fasse un drame de tout, qu'elle complique tout, il en a vraiment sa claque ! Il monte, il va dormir justement !

Arielle essuie au torchon son visage dégoulinant de solitude. Ne reste pour le faire que ce torchon qui, plein de couleurs, traîne de l'évier à la chaise et de la chaise à l'évier.

Torcher sa solitude, voilà ce qu'il lui reste à faire.

Elle regarde par la fenêtre, cherche Daniel dans le cerisier. Il n'est plus là. À Tokyo, elle l'aurait retrouvé partout, dans chaque branche. Là-bas, tout le monde regarde en l'air et trouve quelque chose, un espoir, un émerveillement, un disparu. Depuis quatre mois, ça lui avait semblé être son seul recours. Son seul secours. Partir là-bas, le rejoindre, dans les fleurs. Là-bas où il devait s'installer. Elle serait allée le voir, elle le lui avait promis, quinze jours avant… avant…

« Merde de merde ! »

C'est Mathieu, il s'en prend à un meuble, à la bibliothèque probablement.

Un objet tombe et se brise.

Un de ces objets minutieusement choisis, pourtant.

Tout est tellement pensé, raffiné dans cette maison, tellement réussi, tellement design : le béton lisse et froid au rez-de-chaussée, la courbe de l'escalier, la rampe en fer forgé comme un accent grave dans l'air, la cuisine toute en inox et verre trempé, un grand lustre en cristal baroque au milieu du salon, des plaids en cachemire sur les canapés crème, quelques tableaux du dernier moderne, la cave pleine de bordeaux, une préférence pour les médocs, plusieurs caisses de grands crus classés. On passait toujours une bonne soirée chez Mathieu et Arielle.

Si Mathieu avait une belle maison, il avait la femme qui allait avec.

Il s'en félicitait, l'avait félicitée aussi, souvent, depuis huit ans, quand dans les dîners, les soirées, au restaurant elle avait été si souvent la plus belle. Sa femme toute à lui. Jusqu'à il y a quatre mois…

Il y a quatre mois, un autre la lui avait prise, un autre appelé chagrin.

Arielle était devenue une chienne à qui on a enlevé ses petits.

Un porc qu'on traîne à l'abattoir.

Une fleur qu'on coupe au sécateur.

Un enfant qui cherche ses parents dans un supermarché.

Une terre incendiée.

Arielle, mutilée, coupée en deux, souillée, détruite.

Le thé refroidit dans la tasse, et la journée passe ainsi.

Chacun de son côté, chacun pour soi.

En fin d'après-midi la pluie a cessé, et Mathieu est parti jouer au tennis avec Philippe, son meilleur ami.

Puis il est passé chercher Arielle, ils vont dîner chez Guendal et Axelle, de vieux copains de fac de Mathieu. Il y a aussi Charlotte et Paul, Clémence et Rémi, Aurélien et Stéphanie, Philippe et Nathalie. Tous médecins. Tous mariés. Tous parents. Entre le foie gras et le gigot, Mathieu rejoue sa partie de tennis. Son revers inégalable. Son revers qui l'emporte. Son revers, et balle de match.

Arielle les regarde autour de la table, tous si souriants, si heureux, si contents de leur cuisine, de leurs vins, de leurs futurs voyages au Sénégal ou en Malaisie. Mais pourquoi ce n'était pas l'un d'entre eux qui était mort ? Pourquoi pas Philippe ou Rémi ? Ou Benoît, qui depuis deux jours inonde leur boîte vocale de l'écho de son bonheur depuis la naissance de Rosalie ? N'importe lequel, n'importe qui plutôt que Daniel !

« J'ai oublié mes cigarettes sur la terrasse… »

Elle se lève, elle le sait, personne ne fera un fromage de son absence. Ils passent au dessert sans états d'âme.

Dans le jardin, elle traîne ses bottes dans les feuilles mortes qui restent encore de l'hiver, en ramasse quelques-unes et les éparpille dans l'air du soir comme un semeur qui espère une bonne récolte, un signe de Daniel, puisque c'est la seule récolte qu'elle espère. Elle cherche deux poules, un coq, une tortue, mais rien de miraculeux ne se produit. Juste une ampoule qu'on allume, tout à coup, sur la terrasse. Une inquiétude peut-être ? Non, personne ne l'appelle, personne. La lumière frissonne sur la glycine qui dégouline, déjà mauve le long du mur. Seul le jeune chien de Guendal et Axelle aboie, déterre un peu plus loin le reste d'un tigre en peluche et le rapporte à la maison.

« Loulou, viens voir ! Regarde, on a retrouvé Titigre ! Il n'était pas mort, tu vois, ce n'était pas la peine de pleurer. Allez, va te laver les dents, c'est l'heure de dormir. »

Et tout le monde rit dans la maison, les amis, les parents et l'enfant. Tout est bien qui finit bien, les morts ne sont pas morts, rien ne sert de désespérer, on retrouve toujours tout dans la vie, et surtout le sourire.

« Arielle ? Tu viens ? On s'en va ! »

C'est qu'ils travaillent tous, le lendemain.

Et Arielle rentre. Tout le monde se dit au revoir. Des regards complices, l'ivresse de cette bonne soirée, et surtout celle de la journée à venir, qui est chargée : bloc, consultations, à nouveau bloc, visites et réunions. Ils ont du travail. Beaucoup de travail, eux.

Ils ont un peu trop bu, un peu trop fumé.

Elle se couche mais refuse de fermer les yeux, refuse les mains blanches qui ne veulent pas se rejoindre sur le lit d'hôpital.

Elle fixe le tableau en face d'elle sur le mur, des vers de René Char, calligraphiés au milieu de collages colorés : *Dans nos jardins se préparent des forêts.*

À côté d'elle se prépare une forêt, une forêt immense à traverser, obscure et menaçante. À côté d'elle, Mathieu respire bruyamment comme une bête des bois.

Elle reste ainsi les yeux ouverts sur le tableau : *Dans nos jardins se préparent des forêts*, relit la phrase, peut-être une cinquantaine de fois, et alors seulement, la poésie fait son effet.

C'est l'été.

Un jour sans soleil, mais un jour lumineux.

Un centre équestre.

Elle monte un cheval magnifique, immense et noir. Entre elle et lui, une entente parfaite, réciproque.

Autour, la montagne est bleue et grise.

Un homme dans la carrière, debout, qui la regarde.

Tout à coup, le cheval s'emballe, au galop, rien ne l'arrête, droit devant, au galop. Il heurte une barrière de plein fouet.

Un bruit énorme.

Sa tête éclate.

La montagne est devenue brune.

Dans la carrière, une cuisse, des sabots, des morceaux du cheval, partout. Comme un champ de bataille.

La vie s'arrête.

Le rêve aussi.

C'est le matin, elle n'a pas entendu Mathieu se lever.

Elle descend, ils se croisent dans la cuisine.

Théière pour elle, bol de café pour lui, qu'il lape assis, en silence. Ni radio ni journal, il lape concentré sur sa journée à venir.

Un pot de confiture de figues sur la table, cadeau de sa plus ancienne patiente, Mme Rabastens. Une fois par an, le jour de sa révision, elle lui en apporte à la clinique pour le remercier de l'avoir sauvée d'un cancer de l'utérus. Chaque matin, il a ainsi sur la table la preuve de son savoir-faire et de son dévouement, la preuve qu'il n'a pas à rougir d'avoir prêté serment.

Mme Rabastens, avec ses cheveux gris-rose et ses mains de travailleuse, elle a fait des ménages toute sa vie, détonne dans la clientèle de Mathieu. Elle arrive à la consultation le cabas plein, les pots s'entrechoquent dans le couloir, douze pots exactement. Les patientes, couvertes de bijoux et au carnet d'adresses bourré de noms prestigieux, s'attendrissent à son passage. Les secrétaires derrière leur téléphone l'accueillent en souriant. Ces sourires s'adressent autant à son amabilité bourrue qu'au dévouement de leur cher médecin, qui depuis des années s'occupe avec tant de fidélité de cette femme de la campagne.

Avant de se déshabiller, Mme Rabastens empile avec précaution les pots sur le bureau de Mathieu.

« Un pour chaque mois de l'année, docteur, un pour chaque mois que vous m'avez rendu. Avec ça vous en avez jusqu'à l'année prochaine. »

Elle prononce *en-née*.

Puis elle retire, comme elle dit, la jupe et le tricot, un camaïeu de beige et de brun, puis les collants, la culotte et le soutien-gorge, dans des tailles que Mathieu n'a pas l'habitude de voir. Elle les plie soigneusement sur la chaise et, soutenant de ses deux mains sa lourde poitrine, elle se retrouve nue, un peu bête, ne sachant que faire, devant ce jeune et beau médecin. Mathieu lui demande alors des nouvelles de sa fille, de sa petite-fille que, tour à tour, il a fait naître. Prise dans le tourbillon du récit de sa vie, elle s'allonge sagement sur la table de consultation et oublie alors ce corps qu'elle ne montre plus à personne depuis longtemps.

Le jour où Mme Rabastens vient en consultation, Mathieu se sent plus léger, il peut continuer sa journée tranquille, la conscience reposée d'avoir donné ainsi un peu de son temps et de sa science à une femme dont ses confrères ne tiennent pas spécialement à s'occuper. Un rien de bonne conscience flotte dans l'air de son cabinet ce jour-là. Mme Rabastens le ramène à une bonne opinion de lui-même, et il lui en sait gré.

Mathieu regarde sa femme. Même noyée dans ce vieux pull informe, il la trouve désirable. Il se souvient de son abandon quand ils faisaient l'amour n'importe où dans la maison, dans le salon, la cuisine, laissant chaque pièce à feu et à sang dès que l'envie leur en prenait. Oui, il la trouve désirable. S'il avait une heure devant lui… Il la regarde, mais elle ? Elle, elle ne le regarde pas. Ou ne le regarde plus ?

C'est peut-être ça, elle ne le regarde même plus. Il avale de travers, merde, son café est trop chaud.

« Tu n'as pas dormi ?

— Non. »

Ça ne pouvait pas durer, cet état dans lequel elle se mettait. Et lui, il allait devenir... Il ne savait pas bien quoi encore mais ça ne pouvait pas durer.

« Il faut vraiment que tu dormes. C'est important, pour ta santé mentale, physique. Je vais te rapporter quelque chose de la clinique, je vais demander à Le Bihant, d'accord ?

— D'accord.

— Qu'est-ce que tu vas faire aujourd'hui ?

— Rien.

— Rien ?

— Non.

— C'est bien, comme ça tu vas pouvoir te reposer, et tu seras bien en forme quand je rentrerai. D'accord ? Arielle ? Je te parle ! Tu seras en forme quand je rentrerai ?

— Oui. »

Il rentrera tard, sa dernière consultation devant se terminer aux alentours de vingt et une heures. Il récupérera la voiture dans la journée, enfin, il enverra Corinne la récupérer, heureusement qu'elle est là, elle.

Le taxi klaxonne, Mathieu enfile son imperméable, une coupe impeccable, digne de sa réputation de gynéco-obstétricien.

« À ce soir.

— À ce soir. »

Il ferme la porte doucement, comme on ferme la porte

d'une chambre d'enfant pour ne pas le réveiller, attentif à ce qu'aucun éclat de vie autre que la sienne ne parvienne jusqu'à Arielle.

Un silence noir.

Il a cessé de pleuvoir, mais le ciel s'accroche encore à l'hiver.

Devant la vitre de la fenêtre de la cuisine, elle tente un sourire.

Un appel.

Daniel ?

Elle réclame la moitié de son cœur qu'elle voudrait encore accrochée au sien, cette moitié qui lui manque pour respirer.

Daniel ?

J'ai froid sans toi.

Nue sans toi.

Tout fait mal sans toi.

Sur la peau, tout fait mal.

Daniel ?

Sur la vitre, le sourire sonne faux.

Tout espoir sonne faux.

Elle laisse la cuisine et la théière.

Se recoucher. Rien ne la tient debout. Plus rien.

Tomber malade. Redevenir une petite enfant, entourée de blouses blanches, mères blanches, nourrie, soignée nuit et jour.

Ne plus rien décider, ne plus rien faire, ne plus penser.

Ou bien sortir et se faire renverser.

Pourquoi n'était-elle pas morte, elle aussi ? Si elle avait eu le courage de… Elle se souvient de cette conversation avec Daniel quand leur père avait perdu sa seconde femme. Leur père alors traînait sa vie de journée en journée, désespéré. Ils étaient retournés photographier l'arbre foudroyé qui, lui, se tenait toujours debout au bord de l'étang, tenace, malgré ses branches calcinées.

Daniel avait dit : « Si j'étais lui, je me serais suicidé. »

Pourquoi ne s'était-elle pas suicidée ?

Elle n'en avait même pas été capable.

Pardon, Daniel.

À moins que…

À moins que la vie ne lui fasse pas tant horreur.

Oh Daniel, pardon !

Elle était comme l'arbre debout encore contre vents et marées.

S'il avait aimé cet arbre, peut-être l'aimerait-il, elle, ainsi, encore debout, à chercher dans la terre des traces de sève. Des forces de vie.

Quelles forces de vie ?

« Arielle ! »

Le bruit de la porte en bas. Mathieu est rentré.

Encore une journée passée sans qu'elle s'en aperçoive. Quelle journée ? Celle-là ou une autre.

« Arielle ? Tu es là ? »

Elle est là bien sûr. Ne peut être ailleurs.

« Viens, j'ai quelque chose pour toi. »

Arielle descend. La rampe est froide et dure sous sa main.

Mathieu lui tend une boîte de médicaments.

« Le Bihant m'a donné ça pour toi. Léger et efficace, et tu peux lui faire confiance, c'est le meilleur neurologue de la clinique. Tu en prends un demi pour commencer, juste avant de te coucher. »

Mais avant, qu'elle goûte un peu ça, un pessac-léognan 2002, une merveille.

Il sert deux verres, peut enfin se détendre, tranquille.

Plus tard, dans la lumière trop blanche et trop crue de la salle de bains, un demi-comprimé, un peu d'eau.

Le goût âcre dans la gorge.

Arielle se couche. Ferme les yeux. Attend.

Les mains. Les mains sur le lit d'hôpital. Blanches. La gauche qui se lève, l'index pointé vers le ciel.

Le regard de Daniel parti déjà ailleurs.

Le tableau du Caravage.

Tous les soirs, la même vision.

Tous les soirs.

Dans la gorge, le somnifère finit par se diluer.

Elle s'endort.

Le lendemain matin, dans la cuisine, Arielle déplace la théière d'un bout à l'autre de la table, les paupières lourdes, l'esprit cotonneux.

Elle a allumé la radio : *Nous essayons toujours de comprendre ce qui réveille un volcan. L'explosivité de l'éruption dépend du type de magma, et le type de magma dépend de la profondeur de sa source…*

« Arielle…

— Quoi ?
— La radio.
— Oui, excuse-moi. »
Elle a oublié, pardon, avec ce brouillard dans sa tête, elle n'a pas l'habitude de prendre ce genre de médicaments, elle a oublié qu'il n'aimait pas, pardon.

Mathieu se lève, la rejoint.

« Tu vas t'habituer, ne t'inquiète pas. Tu sais, Le Bihant est vraiment le meilleur, il sait ce qu'il prescrit. Tu as bien dormi ?

— Oui…

— Tu vois ! Je suis content, ma petite femme dort, je suis content. Toi aussi, non ?

— Si.

— Ce qu'il faut c'est te reposer, pour ta santé c'est important, tu comprends ? »

Oui, elle comprend.

Il glisse ses mains sous le pull bleu marine, il a besoin de courage pour sa longue journée à venir. Elle le laisse faire, il en profite, c'est bien la première fois depuis quatre mois qu'elle le laisse se promener tranquillement sous son pull. Ce somnifère est vraiment efficace, il le dira à Le Bihant.

Il enfile son imper, il peut partir à la clinique, léger. Bientôt tout ira bien, tout redeviendra comme avant.

Une dernière inquiétude pourtant sur le pas de la porte, une petite inquiétude, qu'il préfère balayer tout de suite, qu'elle ne perturbe pas sa journée si chargée :

« Tu as quelque chose de prévu aujourd'hui ?

— Non.

— Rien ?

— Non.

— C'est bien, tu vas pouvoir te reposer, et ce soir tu seras bien en forme, quand je rentrerai. »

Arielle confirme, elle sera là, bien en forme quand il rentrera.

La porte se referme doucement, sans bruit, sur sa solitude.

Une solitude feutrée. Invisible.

Daniel !

J'ai froid, froid sans toi.

Daniel.

Son téléphone vibre quelque part dans le salon, elle a reçu un message.

Petit rappel, jeudi 14 h 30, conférence Simon Vouet au Louvre. Michèle.

Une heure plus tard :

Arielle… J'espère vraiment que tu seras là. :))) Je crois que ce sera intéressaaaaant !

Depuis un an, Michèle donnait des conférences un peu partout en France, mais n'avait encore jamais eu l'intérêt d'une salle parisienne. Le Louvre était une grande première. Impossible qu'Arielle n'y assiste pas.

Arielle et Michèle se sont connues à l'école de restauration, et depuis vingt ans, faisant fi des rencontres, des séparations, des chagrins, des bonheurs qui vous enlèvent aux autres parce qu'ils vous prennent tout entier, elles ne se sont jamais quittées.

À la sortie de l'école, Michèle avait choisi d'intégrer un atelier parisien de renom, Arielle de s'installer à son compte.

En dix ans, Arielle s'était constitué une belle clientèle, les uns habitant Paris ou Londres, les autres Genève ou le Luxembourg. Elle ne posait jamais de questions quant à la provenance des œuvres. Au fil des ans, les tableaux qu'on lui confiait gagnaient en prestige, le dernier en date étant une Vierge sortie de l'atelier de Filippo Lippi, pièce maîtresse de la collection d'art d'un producteur de cinéma.

Dans les dîners, il arrivait qu'on l'assaille de questions, moins d'ailleurs pour parler des œuvres qu'elle restaurait ou du travail qu'elle avait à y faire, qu'afin d'en savoir plus sur le propriétaire des tableaux. Questions du genre : Il est comment ? Sympa ? Riche ? Très riche ? Restauré lui aussi ? On s'amusait du bon mot. À moins que lui exceptionnellement ne vieillisse pas ? Étant exceptionnellement riche ou célèbre, il était possible après tout qu'il soit exceptionnellement humain. Est-il encore avec une telle ? Ou déjà avec une autre ? Autant de questions auxquelles la plupart du temps Arielle ne pouvait répondre, mais qui faisaient d'elle, malgré tout, le centre des conversations.

Alors, un soir, Mathieu, confortablement assis dans un des fauteuils crème du salon, un verre de saint-estèphe à la main, jugea qu'il était temps de remettre les choses à leur place. Ou plus exactement de déplacer le centre. Il expliqua à Arielle qu'en rafistolant (c'était le terme qu'il avait employé) des tableaux appartenant à des gens dont la richesse était douteuse, on cautionnait un système crapuleux.

Arielle quitta le livre qu'elle s'apprêtait à emporter dans son lit, prit aussi un verre de saint-estèphe, s'assit sur un canapé en face de Mathieu et entra dans la discussion. Elle parla du plaisir qu'elle avait à retrouver les paysages, les visages dans les tableaux, de son désir quasi obsessionnel à les restituer intacts, et de son exigence sans concession à faire resurgir les couleurs et les contrastes, particulièrement dans cette Vierge du XVᵉ siècle, si paisible et diaphane. Elle fit le parallèle entre le métier de Mathieu et le sien : elle aussi mettait au monde, mais elle mettait au monde la peinture des autres.

Il la laissa parler, un sourire dubitatif au bord du verre.

Elle s'emmêla les pinceaux, mit trop de noir sur le rouge, et finit par se justifier.

Quand la bouteille de saint-estèphe fut terminée, elle doutait de la probité de ses clients et de celle de son travail.

Le lendemain, Mathieu lui offrit un livre magnifique sur Fra Angelico.

L'incident fut oublié.

Quelques semaines plus tard, alors qu'elle évoquait son plaisir et sa fierté de voir peu à peu réapparaître la transparence de la Vierge, Mathieu s'attaqua aux capacités artistiques d'Arielle. Il insinua que s'appuyer sur le travail des autres, comme Arielle le faisait, puisque finalement restaurer des tableaux ce n'était que s'appuyer sur la peinture des autres, cela démontrait que l'on n'était qu'un artiste de seconde main, voire pas un artiste. Un créateur inventait, prenait des risques, avait un point de vue, était à l'origine.

Ceux qui, comme Arielle, n'entreprenaient que de faire et refaire ce que les autres avaient déjà fait, n'étaient que des techniciens, des créateurs qui n'avaient jamais osé l'être, des peintres ratés, des ringards, sur sa lancée il avait osé le mot. Elle n'avait rien dit.

Alors il alla un peu plus loin, il lui rappela que, avant, oh, il y a de cela bien longtemps, lui semblait-il, elle avait désiré être peintre, et qu'aujourd'hui elle ne l'était pas.

C'est vrai qu'elle n'avait jamais osé affronter la toile blanche.

Elle fondit en larmes. Mathieu la prit dans ses bras.

« Pourquoi tu pleures ? Tu es beaucoup trop fragile. »

Il souleva sa jupe jusqu'à la culotte, la retira calmement, et lui montra sur le canapé crème à quel point la connaissance qu'il avait d'elle était puissante et pertinente, bien plus que celle que quiconque pouvait avoir d'elle, et plus encore que celle qu'elle avait d'elle-même.

Le lendemain soir, il fit un détour et s'arrêta chez la fleuriste. Il composa avec art un bouquet de lilas et de roses sauvages.

« Ça fait plaisir de voir encore des hommes gâter leur femme », le félicita la fleuriste après avoir calculé en souriant le prix quelque peu exorbitant du bouquet.

Quand il l'offrit à Arielle, Mathieu lui dit qu'elle était la plus belle femme du monde.

Elle pensa qu'elle ne méritait ni le bouquet ni son mari.

Elle devint nerveuse, des tremblements parfois l'obligeaient à interrompre son travail sur la Vierge.

Elle se mit à douter de ses capacités et d'elle en général.

Un soir, elle fit part à Mathieu de ses inquiétudes.

Il s'assit à côté d'elle et, profitant de cette fissure nouvelle, commença à la caresser.

« Mathieu… Je te parle sérieusement, je m'inquiète.

— Alors si tu t'inquiètes tant, pourquoi tu n'arrêtes pas tout ça ? Arrête de travailler.

— Ce n'est pas la question…

— Tu crois que ça vaut vraiment la peine de te mettre dans des états pareils ? De te détruire la santé ? De détruire ton couple ? Parce que forcément ça finira par retomber sur notre couple. Tu devrais repasser le bébé à une copine…

— Quel bébé ?

— La Vierge ! Tu la laisses à Michèle. Elle travaille dans un grand atelier de réputation mondiale, ça doit être une pointure, elle, non ? Elle va te finir ça en quinze jours, et au moins on n'en parlera plus ! »

Et puis il lui rappela qu'elle n'avait plus que deux mois avant de commencer le protocole pour leur bébé. Si elle voulait que ça réussisse, mais pour ça il fallait qu'elle le veuille vraiment…

« Est-ce que tu le veux vraiment ?

— Mais oui… »

Alors il lui faudrait toutes ses forces, tout son calme. Elle pouvait lui faire confiance, il en voyait tous les jours des femmes dans son cas, et il savait à quel point c'était fatigant et angoissant comme expérience de vie. Nombre de femmes cessaient de travailler pour se consacrer entièrement à leur espoir de grossesse. Et elles faisaient ça pour elles, évidemment, mais aussi pour leur mari, pour leur famille. Parce qu'elles avaient vraiment envie d'avoir une famille.

« À moins que toi, tu n'aies pas envie d'avoir une famille ? Parce qu'il vaudrait mieux que tu aies le courage de me le dire maintenant.

— Mais si…

— Alors qu'est-ce que tu as besoin de travailler ? Je gagne suffisamment ma vie, suffisamment même pour deux, trois, quatre ou cinq. C'est complètement stupide que tu perdes ton temps à…

— Mais je ne perds pas mon temps…

— Moi, Arielle, je pense que tu perds ton temps à… rafistoler ces croûtes. »

Arielle se décomposa. Renversa le verre de vin. Une énorme tache indélébile sur le canapé crème. Une île rouge dans une mer qui se démonte.

« Tu vois, tu es à bout de nerfs.

— Non, ce n'est pas ça… C'est ta phrase… Les mots que tu as employés…

— Quels mots ?

— Tu as dit des croûtes… rafistoler des croûtes.

— Arielle… C'était de l'humour ! On peut faire un peu d'humour dans la vie, non ?

— Si…

— Bon. Je suis heureux de te l'entendre dire. »

Il tendit ses bras, qu'elle vienne sur ses genoux, sa petite chatte soyeuse. Allez, sur ses genoux. Qu'il en profite un peu après cette journée compliquée, avec des problèmes, de vrais problèmes pour le coup, des problèmes de vie ou de mort quelquefois, de nouveau-nés qui plus est, ou de jeunes accouchées. C'est pour elle qu'il disait tout ça, pour son bien, pour sa santé. Elle donnait toute son énergie à ce tableau, elle y passait ses journées, quelquefois même ses soirées.

« Regarde hier soir… Tout ce temps que nous aurions pu passer ensemble. Et on le gâche à s'occuper d'un tableau. Tout ça pour un producteur de cinéma complètement nul.

— Il n'est pas nul…

— Qu'est-ce que tu en sais ? Tu le connais ?

— Non…

— Tu m'as toujours dit que tu ne l'avais jamais rencontré ! Tu m'as menti ? Arielle, regarde-moi dans les yeux, est-ce que tu m'as menti ?

— Non.

— Non ? Parce que si tu m'as menti c'est grave.

— Non, je ne l'ai jamais rencontré.

— Tu me le promets ?

— Oui.

— Alors ? Puisque tu ne le connais pas… Parce que je te crois, Arielle, je te fais confiance… Qu'est-ce qui est le plus important dans la vie ? Ce producteur que tu ne connais pas ou notre famille ? Lui, ou toi et moi ? Ce tableau de Lutti ou…

— Lippi.

— Oui, Lippi, si tu veux, c'est pareil. Ce tableau ou nos futurs enfants ? Dis-moi, qu'est-ce qui est le plus important ?

— Notre famille.

— Tu vois. »

Arielle fondit en larmes, effondrée par son propre aveuglement, par son manque de considération à l'égard de leurs projets, de leurs futurs enfants et de leur si grand amour.

Il l'emmena au restaurant.

Le lendemain, entre deux accouchements, il lui envoya un sms :

Tu es la femme de ma vie. Je t'aime.

Elle répondit sans hésiter :

Je t'aime aussi.

Elle tremblait de plus en plus. Quelquefois son œil droit clignait sans qu'elle puisse rien y faire. Elle pleurait souvent.

Elle termina avec beaucoup de difficulté le travail sur la Vierge et ne prit plus de commandes.

Elle rangea ses pinceaux, ses huiles, ses vernis, ses gommes, ses éponges, ses diluants et ses solvants dans des cartons qu'elle enferma à la cave à double tour, et trouva un repreneur pour son atelier.

Mathieu ouvrit un compte à son nom, qu'il approvisionnait largement chaque mois. Elle ne se refusait rien, ou plutôt il ne lui refusait rien, du moment que…

« Du moment que quoi ? avait-elle dit, amusée. Du moment que tu disposes de moi ? »

Mathieu l'avait prise dans ses bras, avait redessiné son visage, laissant traîner mollement ses doigts sur sa bouche. Cette bouche qu'il aimait tant, mais à qui il arrivait trop souvent de dire des bêtises. Il avait rectifié :

« Du moment que tu es avec moi.
— Mais je suis avec toi.
— Mais qu'avec moi. Du moment que tu n'es qu'à moi. Tu comprends ? »

Arielle était devenue disponible pour les sorties, les dîners, les voyages.

Où il voulait, quand il voulait. Mathieu adorait. Sa jolie petite chatte persane était toujours là. Le soir, elle l'attendait sagement à la maison. Quand il rentrait, il lui suffisait de dire :

« Chérie, c'est moi, tu es là ? »

Et il y avait toujours une réponse positive.

« Oui, je suis là. »

Arielle maintenant pouvait se consacrer à ses enfants à venir. Devenir mère, une vraie femme, parce qu'une femme qui n'avait pas d'enfant ce n'était pas tout à fait une femme. Et Mathieu savait de quoi il parlait, il était gynécologue obstétricien.

Il voulait trois enfants. Des garçons. Qui seraient, feraient comme lui : se passionneraient pour les grands prix de formule 1, pratiqueraient le tennis ou le foot, deviendraient médecins, reprendraient sa clientèle, se marieraient avec une jolie femme que Mathieu gâterait et sortirait au restaurant comme sa propre conquête. Il avait déjà choisi les prénoms : Hugo, Étienne et Tom.

Au bout de deux ans, Arielle n'avait toujours pas donné le moindre signe d'enfantement.

Visiblement, la nature seule ne suffisait pas. La science

heureusement était là, Mathieu était là, un des spécialistes parisiens les plus réputés en matière de stérilité. Il avait transformé en mères des désespérées, des dépressives, des lassées, des trop vieilles. Il n'avait jamais échoué. Jamais.

« Nos garçons seront ma plus grande réussite, et tu seras ma meilleure publicité. »

Le portable d'Arielle vibre à nouveau dans le salon.

C'est important pour moi que tu sois là ! Viens.

Combien de fois Michèle avait insisté pour qu'Arielle vienne, sorte.

Sors.

Sors, Arielle. Sors de chez toi, viens dîner, viens au cinéma, au théâtre, dans ce bistrot dont on faisait la fermeture il y a quelques années encore, où tu veux, mais sors.

« Et Mathieu ?

— Il sait se faire cuire un œuf, non ?

— Mais si je ne suis pas là…

— Il survivra, non ?

— Oui.

— Alors ? »

Et elle n'était jamais sortie.

Le portable vibre à nouveau :

Arielle ? Tu viens ?

Impossible de se dérober cette fois.

Oui.

Cela me fait très très plaisir.

Elle ira.

Oui, il faut qu'elle sorte.

Même si le ciel gronde de cet hiver qui n'en finit pas, même si dire à nouveau bonjour bonsoir, regarder ailleurs lui paraît relever d'un effort incommensurable, elle ira.

Elle ouvrira la porte et regardera la forêt immense devant elle à traverser.

Elle sortira, retournera par exemple au marché et achètera ce qu'il faut.

Sur la place, ça se pousse, se presse et se bouscule à coups de caddie et de parapluie, à celui qui sera au plus vite sous les auvents des commerçants, pour se protéger du mauvais temps. On vend des épluche-légumes, de la lessive, des savons à l'huile d'argan, des barrettes, des chaussures qui brillent, des couvertures dorées et des poissons rouges.

Depuis que Mathieu s'était décidé à passer le périphérique, pas peu fier auprès de ses amis d'être en cela un précurseur, Arielle allait toujours chez le même maraîcher. Une fidélité qu'elle aimait retrouver de semaine en semaine, une fidélité dont elle ne faisait plus preuve depuis quatre mois.

« Alors, Tokyo ? Votre mari m'a dit que… Ah, votre mari, en voilà un qui… qui va au marché le dimanche, s'occupe de sa petite femme… C'est pas tous les jours qu'on en voit des comme ça, pas vrai ? Alors ? Vous avez trouvé ça comment, le Japon ? »

Elle plonge la tête dans son sac, cherche son porte-monnaie tout au fond. Elle aurait bien voulu répondre, mais elle ne peut pas, les larmes viennent trop vite. En sortant elle avait cru qu'elles ne viendraient pas, qu'elle aurait la force de les retenir, bien cachées à l'intérieur, et puis non, chaque fois elle se laisse surprendre.

« Oh madame, ça va ?

— Oui…

— Vous êtes encore là-bas, pas vrai ? Le décalage horaire, il paraît que… Tous mes clients disent ça… Moi un jour, avec ma femme on partira aussi à l'autre bout du… Oh merde, Younès ! Fais gaffe, quoi ! Les tomates, tu peux pas les laisser là ! Je te l'ai déjà dit, merde ! Excusez-moi, madame… »

Elle finit par trouver le porte-monnaie, un peu de calme dans ses larmes, et paye. Il lui offre une barquette de fraises.

Déjà des fraises ? Si tôt en avril, des fraises ?

Fraises au sucre, en confiture, tarte aux fraises, fraises rôties, fraises Tagada, Daniel adorait les fraises.

Si Daniel n'était pas…

Elle l'aurait appelé, ils les auraient préparées puis dégustées ensemble.

Mais Daniel n'était plus là. Il fallait qu'elle se mette bien ça dans la tête.

« Madame ? À mardi prochain ?… Je vous vois mardi ?

— Oui, à mardi. »

Un peu plus loin, sur le trottoir, un homme, micro à l'appui, bonimente : « Aujourd'hui c'est votre jour de chance ! Ne réfléchissez plus, c'est votre jour de chance ! »

Autour de lui, une dizaine de femmes attendent, aimantées, le moment où elles seront totalement conquises.

« Madame ! Hé ! Madame !

— Moi ?

— Oui, vous ! C'est votre jour de chance ! Vous aimez Chanel ? N° 5 vous connaissez ? Ne me dites pas que vous ne connaissez pas, une jolie femme comme vous ! N° 5 de Chanel, vous connaissez ? »

Arielle répond que oui. Elle ne sait pas trop pourquoi. À cause du mot chance ? Du sourire dans la voix, un rien charmeur ? De toutes ces femmes qui se sont retournées d'un seul bloc vers elle et qui la regardent ? Des sacs en plastique qui lui scient les doigts et qu'elle pourra poser deux minutes sur le trottoir ?

« Oui, madame, c'est votre jour de chance. Vous ne le saviez pas ? Eh bien, maintenant vous le savez. Quinze euros ! Qui dit mieux ? Un Chanel N° 5, je rajoute un Saint Laurent, un Dior et un Dolce Gabbana, le tout pour quinze euros seulement. Quinze euros ! »

L'homme au micro empile les boîtes de parfum, met le tout dans un sac et le tend à Arielle.

Arielle donne quinze euros et sourit sans trop savoir pourquoi à sa chance.

« Profitez-en, mesdames, faites comme madame, il n'y en aura pas pour tout le monde ! Ce n'est pas tous les jours votre jour de chance ! Chanel N° 5, Saint Laurent… »

Arielle reprend ses sacs.

Sur le chemin du retour, elle sent son portable qui vibre à l'intérieur de son imperméable, sur son ventre.

Est-ce que c'est son jour de chance ?

Est-ce que Daniel… ?

Elle marche vite, pas tant à cause de la pluie, non, la pluie ne lui a même pas rincé le cœur, mais à cause de ce message, de cette chance, peut-être que Daniel… ?

Une fois chez elle, elle laisse les fraises, les tomates et les parfums s'effondrer dans leurs sacs en plastique, pour regarder au plus vite le message sur son téléphone :

Bonjour, mademoiselle Arielle… On pourrait peut-être déjeuner ensemble ? Une terrasse, en ce mois d'avril détestable ? Qu'en pensez-vous ?

Jack Kowalsky.

Jack Kowalsky ?

Le temps de tout remettre en ordre. Ah, oui. L'aéroport, la place triangulaire, le verre de blanc et le pâté en croûte.

Le portable vibre à nouveau :

Alors ?

Elle ne sait quoi répondre. Mais à nouveau :

Alors ?

Puis :

Vous me dites ?

Elle finit par répondre :

Pourquoi pas…

Et quelques secondes après :

Alors pourquoi pas demain ?

Demain ? Si vite ? Alors que, depuis quatre mois, personne ne la dérangeait dans son chagrin. Ce chagrin, c'était tout ce qu'il lui restait de lui. Tant que le chagrin était là, Daniel était là.

Nouvelle vibration :

J'avais oublié, mercredi c'est le jour des enfants... ! Et vous devez être occupée. What about jeudi ? Jack

Le jour des enfants...

Les enfants...

Être une femme et ne pas avoir d'enfant.

Quelle femme est-on quand on n'a pas d'enfant ?

Quelle femme est-on quand son mercredi ressemble aux autres jours de la semaine ? Quand on n'a pas à courir du conservatoire de musique au conservatoire de danse, et du conservatoire de danse à un goûter d'anniversaire ?

Quelle femme est-on quand on ne sait pas ce que c'est qu'une petite main dans la sienne les matins d'hiver sur le chemin de l'école ?

Quelle femme est-on quand on n'a pas dans son portefeuille, coincés entre sa carte d'identité et son permis de conduire, les premiers mots écrits au feutre rose : *Maman je t'aime* ?

Quelle femme est-on quand on n'a jamais été tentée d'abandonner son gamin dans le métro ? Ou de le balancer par la fenêtre ?

Quelle femme est-on quand on ne s'est jamais déplacé une vertèbre parce que bien sûr, ma p'tite chérie, même à trente-cinq ans passés, je sais encore faire des galipettes ?

Quelle femme est-on ?

Ou plus exactement : « Quelle femme es-tu ? »

C'est ce qu'elle avait lu dans le regard de Mathieu quand il était entré dans la chambre à la clinique, deux ans auparavant. Elle était arrivée en urgence après avoir mis du sang partout dans la cuisine. Michèle l'avait accompagnée, un coup de fil et elle avait été là cinq minutes plus tard. Mathieu, lui, était au bloc.

On avait donné une chambre à Arielle, apporté l'échographe, le diagnostic avait été immédiat et brutal. Quand Mathieu était entré dans la chambre une demi-heure plus tard, la première chose qu'elle avait vue c'était ce regard. Il s'était assis lourdement sur le lit, sans même penser au choc de son poids sur le matelas. Sans un mot de réconfort pour ces douleurs atroces et insidieuses au fond du ventre. Il y avait un tel reproche dans ses yeux, une telle lassitude. Il la regardait comme une bête curieuse, un monstre.

« Quelle femme es-tu ? »

Il n'avait jamais échoué. Avec aucune de ses patientes. Cette sixième fécondation in vitro, c'était leur dernière chance, et elle avait fait une fausse couche.

Il n'avait pourtant pas commis d'erreur. Non, aucune. N'avait rien à se reprocher. Il avait déployé tout son savoir-faire et toute sa patience. Il l'avait choyée, protégée. Il avait annulé des réunions, des séminaires à New York et dans le Lubéron. Il avait tout fait pour être près d'elle, le plus souvent possible, l'avait accompagnée au cinéma et s'était endormi devant un paquet de films d'auteur. Non, il n'avait rien à se reprocher. Il avait mis toute la clinique sur le coup. Il l'avait même envoyée chez Collard, un psy de renom (un cabinet rempli d'œuvres d'art, un carnet d'adresses du même acabit, et des honoraires allant avec le tout) et Dieu sait qu'il n'aimait pas les psys, lui-même n'en avait jamais consulté et n'en consulterait jamais.

Non, il n'avait lésiné sur rien.

Cette femme, cette femme en face de lui, incapable de garder quoi que ce soit dans son ventre, quelle femme était-elle ?

Et la même question était revenue dans les yeux du docteur Collard, quand il avait interrogé Arielle sur sa difficulté à accepter un enfant dans son ventre.

« Est-ce que vous refusez votre féminité ? »

Il caressait sa moustache d'un air satisfait, assez sûr de son diagnostic.

« Vous savez combien vous pesez ?

— Non.

— Pourquoi ?

— Je ne me pèse pas.

— Pourquoi ? »

Un temps vide dans le cabinet du psychiatre. Un temps perdu.

Collard insinua alors que c'était une façon bien étrange de se considérer. Dans la représentation sociétale, le corps de la femme était indéniablement associé aux courbes, aux rondeurs, et elle, cette femme devant lui était vraiment menue, très mince, trop.

« Refuser ses rondeurs c'est refuser sa féminité, et refuser sa féminité c'est refuser la maternité. Vous ne pensez pas ? »

Il avait ouvert une brèche, et naturellement Arielle s'y engouffra.

« Oui, peut-être... Peut-être que c'est à cause de... »

Collard attendit, tout à coup très intéressé. Il attendit une révélation croustillante, des violences sexuelles pendant l'enfance ou l'adolescence, une explication cohérente à cette stérilité embarrassante. Mieux valait un bon traumatisme du côté de la femme qu'insinuer que c'était du côté de l'homme qu'il fallait chercher. Ce serait plus confortable pour tout le monde, d'autant qu'il préférait garder de bonnes relations avec le mari, qui au regard de sa spécialité et de sa clientèle était à même de lui envoyer bon nombre de patientes.

Collard resta un moment le regard en suspens, la bouche ouverte, prêt à rebondir sur la moindre petite allusion et à tirer le fil, à le tirer jusqu'à la révélation finale. Mais rien ne vint. Pas de fil, pas d'aiguille, rien à raccommoder. Quand il jugea la suspension suffisante, il se racla la gorge pour signifier que sa patience était à bout, et il lui prescrivit un petit décontractant, rien de bien méchant. Qu'elle mange un peu plus, qu'elle supprime le tabac, qu'elle réfléchisse et qu'elle revienne le voir.

« Bien des choses à votre mari. »

Il refusa le chèque d'Arielle.

Elle téléphona à Mathieu, le rassura un peu, lui mentit beaucoup, le docteur Collard la trouvait dans une forme éblouissante, et l'encourageait à continuer dans leurs tentatives de bébé. Pour y croire, Mathieu passa chez son caviste, et choisit une bouteille de Chasse-Spleen 2000, autant pour le vin que pour l'étiquette.

Mathieu était resté assis au bord du lit, aussi blême et terne que les néons de la chambre. Lui, l'obstétricien de renom, le faiseur de miracles, il allait continuer à mettre au monde les enfants des autres, mais jamais, jamais ne pourrait dire à un enfant mon fils, ou même (il serait allé jusque-là) ma fille.

Au bout de dix minutes, il s'était levé, avait refermé la porte de la chambre, sans un mot pour elle, sans un mot pour lui, sans un mot pour eux deux. Il était reparti s'occuper de la descendance des autres.

Arielle s'était fanée peu à peu. Elle était devenue un coquelicot oublié sur le bord de la route, un coquelicot devant lequel on s'était arrêté, autrefois, pour en admirer l'ardeur fragile.

Quelle femme est-elle ?

Une femme vide.

Dans cette maison vide.

Dans son cœur vide, depuis quatre mois sans Daniel.

Son portable soupire à nouveau :

Alors pour jeudi ?

Ah oui, jeudi…

Elle se lève, retrouve les sacs en plastique du marché dans l'entrée.

Le beurre a ramolli dans son papier.

Les pommes de terre ont pesé sur les tomates.

Les tomates ont dégouliné sur le parmesan.

Le poisson a tenté le chat.

Les œufs curieusement sont intacts. Les coquilles ont résisté au choc.

Résister.

Il ne lui reste plus que cela, résister.

Elle prend son téléphone et écrit :

C'est d'accord pour jeudi.

Jack Kowalsky répond immédiatement, il a retenu une table dans une brasserie sur les grands boulevards. En prime, il tâchera de commander un rayon de soleil.

Et effectivement, ce jeudi-là, il fait beau, à croire que Jack Kowalsky a toute puissance sur les degrés Celsius et autres manifestations météorologiques.

Arielle avait passé une bonne partie de la nuit à chercher le sourire de Daniel dans le halo de lumière autour du réverbère devant la maison. Puisque Daniel ne revenait plus le jour dans le cerisier, peut-être reviendrait-il la nuit dans la lumière de la ville ?

Mais il n'était pas revenu.

Elle avait ressorti un vieux carnet, avait essayé d'être poète, mais dut reconnaître que ce n'était pas si facile. Alors elle avait pris un livre de cuisine et avait passé le reste de ses heures sans sommeil à rater une charlotte aux fraises.

Mathieu est sur le point de partir, il récapitule, il n'a oublié ni ses clés, ni ses papiers de voiture, ni son Montblanc, cadeau de ses parents le jour où il a prêté son serment d'Hippocrate, ni un dernier baiser sur la bouche si voluptueuse de sa petite femme. Ah si, une dernière petite question.

« Qu'est-ce que tu vas faire aujourd'hui ?

— Rien… »

Très bien, comme ça elle allait pouvoir se reposer et elle serait bien en forme le soir quand il rentrerait.

« Ah si, je vais voir Michèle, et avant je vais…

— Michèle ?

— Oui.

— Mais pour quoi faire ?

— Pour rien, pour la voir.

— Je croyais qu'elle, elle travaillait ? Elle ne travaille pas ?

— Si.

— Et elle a du temps pour te voir ?

— Elle donne une conférence sur le jaune dans la peinture de…

— Et alors ?

— Rien, ça m'intéresse.

— Ne me dis pas "rien", elle te demande de venir t'intéresser à son travail, et toi tu accours comme un petit chien, c'est ça ?

— Elle ne m'a rien demandé du tout, ça m'intéresse… »

Mais quoi ? Qu'est-ce qui l'intéresse ? Ça fait des mois qu'il ne l'a pas vue ouvrir un bouquin sur Rembrandt ou Picasso. Des mois qu'il ne l'a pas vue toucher à un pinceau. Si ça l'intéressait tant que ça toutes ces questions sur la peinture, sur le jaune clair ou le jaune foncé, ça ferait bien longtemps qu'elle serait allée chercher toute sa quincaillerie à la cave, non ? Qu'elle aurait fait quelque chose, un tableau toute seule, quelque chose, sans que les autres lui disent ce qu'elle doit faire. Et d'ailleurs, puisqu'on en parle, au lieu de toujours s'occuper des autres, elle ferait peut-être mieux de s'occuper d'elle ?

« Parce que ta copine Michèle, elle est bien gentille avec sa conférence, mais est-ce qu'elle s'intéresse à toi, elle ? Qu'est-ce qu'elle a fait pour toi ? Depuis cinq mois, qu'est-ce qu'elle a fait ?

— Quatre.

— Oui, quatre, si tu veux. Par exemple, est-ce que tu peux seulement me dire la dernière fois qu'elle est venue ici ? Te voir, toi, simplement ça. Quand ? Dis-moi. »

Évidemment Arielle ne peut pas dire et pour cause.

Eh ben voilà, on y était. Il faudrait bien qu'un jour Arielle se rende compte de la réalité des choses. Qu'elle comprenne. Qu'elle réalise que s'il y a une personne qui s'intéresse à elle, c'est lui, Mathieu. Pas les autres. Qu'il ne se débine pas, lui, à la moindre occasion, qu'il est prêt à lui donner tout son temps et d'ailleurs il vient de le lui prouver puisque maintenant il est en retard pour la clinique. Mais pour qu'elle comprenne, il faut qu'elle soit calme, détendue. Qu'elle se repose, qu'elle dorme. Qu'elle reste tranquillement à la maison. Elle peut même prendre un comprimé dans la journée si elle veut, puisqu'elle n'a rien de spécial à faire.

« Tu comprends ? Allez, il faut que j'y aille, on m'attend au bloc. À ce soir, je t'aime.

— À ce soir.

— Et toi ?

— Quoi ?

— Tu m'aimes ?

— Oui…

— Alors, dis-le-moi.

— Je t'aime.

— C'est bien. À ce soir. »

Maintenant il peut partir.

Arielle repère tout de suite la table réservée, au soleil. La dernière disponible. C'est un sport à Paris, aux premiers beaux jours, de trouver une table en terrasse.

Elle est arrivée avant lui mais, à peine installée, elle entend :

« Arielle ! »

Elle lève la tête, un sourire s'avance vers elle.

Jack Kowalsky dépose sa sacoche pleine de travail au pied de la chaise et s'assied.

Ils commandent tous les deux la même chose, un tartare, une salade, des frites et une bouteille d'eau pétillante.

Il déplie sa serviette, la met sur ses genoux, et prend les choses en main.

« Alors ? Comment ça va ? »

Elle bredouille, oui, bien, merci, peut-être…

Heureusement, les assiettes arrivent (plus vite vous êtes servis, plus vite vous libérez la table). Elle était sur le point de lui déverser son chagrin. Tout son chagrin.

Jack attaque son tartare et son dernier voyage à Berlin. Entre deux frites, il fait escale à Lisbonne puis à Istanbul. De temps en temps, il pose ses valises, s'arrête sur le visage d'Arielle, comme surpris tout à coup par la beauté d'un paysage, et il vient aux nouvelles.

« Tout va bien ? Vous n'avez pas froid ?

— Ça va, merci. »

Rassuré, il reprend ses valises, un autre avion, un autre train. Il essaie d'expliquer ses activités professionnelles, ou du moins pourquoi, à cause de celles-ci, il est obligé de partir si souvent. Arielle a un peu de mal à suivre, à saisir ce que sont les parts de marché, ou le marché tout court. Est-ce à cause du bruit ? Ou de son étonnement finalement d'être là, sur les grands boulevards, en face de cet homme qu'elle ne connaît pas ?

Elle regarde la lourde montre en acier chromé qu'il porte à son poignet : quatorze heures. Déjà ? Quatorze heures ? Jamais elle n'aurait cru que… Elle n'a rien vu venir. Cette heure qui tourne si lentement depuis quatre mois et qui aujourd'hui a tourné si vite. Elle est désolée, elle doit y aller, elle a un rendez-vous au Louvre, dans vingt minutes.

« Un rendez-vous avec quelqu'un d'autre que moi, ce n'est pas possible ! Excusez-moi… Je plaisante. Et avec qui, si ce n'est pas indiscret ?

— Avec Michèle.

— Michel ? Mais c'est un homme ça !

— Michèle avec un E final. »

Il sourit, laissant ainsi entrevoir qu'il ne serait pas surpris qu'Arielle puisse entretenir des relations étroites avec d'autres hommes.

« Et qu'est-ce que vous allez faire de si important avec cette Michèle, pour me laisser tout seul ? Au beau milieu de tous ces gens que je ne connais pas ?

— Je vais l'écouter… Elle donne une conférence sur le jaune dans la peinture de Simon Vouet.

— De Simon qui ?

— Vouet.

— Je connais le jaune Poussin, mais ce jaune-là… J'avoue que… »

Arielle apprécie, elle sourit.

« Vous êtes très jolie quand vous souriez… »

Un flottement dans l'air.

Pour garder l'équilibre, Arielle se raccroche à Nicolas Poussin et Simon Vouet. Ce sont effectivement des peintres du même siècle, et en tant que spécialiste du XVIIe, Michèle s'intéresse tout particulièrement à la diversité et à la profondeur des jaunes chez Simon Vouet. C'est sa première conférence au Louvre, un événement qu'Arielle ne veut pas manquer.

« J'aurais adoré vous accompagner.

— Maintenant ? »

Elle le fait rire, là, maintenant, non, il ne peut pas, il a des rendez-vous très importants dans l'après-midi, que dit-il, dans l'heure. Mais une autre fois ?

« Une autre fois ? Dites-moi oui… Je vous en prie, dites-moi oui.

— Oui. »

La serveuse passe, dépose l'addition, il y a des clients qui lorgnent sur la table depuis dix minutes, si ces messieurs dames pouvaient régler.

Arielle fouille dans son sac, Jack retient son geste, il ne supporte pas qu'une femme l'invite au restaurant. Il sort sa carte bleue, un œil sur Arielle, un œil sur l'addition.

« Et sinon, comment ça va, avec votre mari ? »

La question est directe, elle a sans doute trop attendu

pour ne pas l'être. Arielle pique du nez dans son assiette, puis sur la nappe en papier. Plus personne ne lui pose de questions sur la nature de ses rapports avec Mathieu. Plus personne n'ose. Même Michèle n'ose plus. Des carreaux rouges et blancs, des carreaux blancs et rouges, combien de carreaux sur cette nappe ?

Mais Jack n'a aucune prédilection pour les arts de la table, aucune.

« Alors, dites-moi… Comment ça va avec lui ?

— Pas très bien.

— Bon. On en parlera la prochaine fois ? »

Le soleil s'est caché, il fait froid tout à coup.

« De toute façon, je vais bientôt mourir.

— Eh bien, il va falloir parler de tout ça très vite, alors !

— Je suis sérieuse.

— Mais moi aussi je suis sérieux, très sérieux, quand je vous dis très vite, ça peut être demain ? Non, demain, je ne peux pas, je suis à Marseille. Après-demain ?

— Après-demain ? Peut-être que je serai à Tokyo ? »

Jack pose sa main sur le bras nu d'Arielle.

« Vous savez que maintenant vous ne pouvez plus partir ? »

Il sourit, retire sa main doucement, presque une caresse.

Sait-elle que l'Eyjafjöll n'est pas près de s'éteindre et les avions de décoller ? Oui, elle le sait.

« Ah ! Vous me rassurez ! Et puis je vous ai rencontrée. »

Il est allé un peu trop loin pour un premier rendez-vous, il revient en arrière.

« Vous avez combien d'enfants ? Vous ne m'avez pas dit. »

Combien de carreaux rouges et blancs sur la nappe en

papier ? Combien ? Il faudrait multiplier la largeur par la longueur…

« Vous ne voulez pas me dire ?

— Aucun.

— Pour l'instant…

— Mathieu est un spécialiste de la stérilité, on a tout essayé… Et on ne peut pas… Je ne peux pas avoir d'enfant. »

Comme un silence d'enterrement au milieu des klaxons sur le boulevard.

Surprise ? Soulagement ? Horreur ? Arielle préfère ne pas lever les yeux, ne pas savoir. Combien de carreaux rouges et blancs sur la nappe en papier ?

« Moi j'en ai deux, Tom et Lila, onze et neuf ans.

— Je me souviens, vous avez parlé d'eux dans la voiture. Et votre femme, comment… ?

— On en parlera la prochaine fois, vous voulez bien ? Vous voulez bien qu'il y ait une autre fois ?

— Oui… »

Jack regarde sa montre, il faut qu'il y aille, son rendez-vous n'est pas très loin heureusement, mais il ne peut vraiment pas être en retard.

Il enfile son manteau noir, elle son imperméable.

Il s'excuse de sa tenue d'homme d'affaires, un rien démonstrative, son uniforme de travail. En revanche, il la complimente pour son élégance. Elle rougit ? Oui, elle rougit.

Ils se serrent la main un peu maladroitement sur le trottoir.

Arielle court sur le boulevard, essaie de rattraper ce temps qu'elle a laissé filer au restaurant sans s'en apercevoir, court dans les couloirs du métro, dans les escalators. Elle arrive trop tard, les portes sont fermées : conférence en cours, prière de ne pas déranger.

Son portable vibre dans sa poche.

Une vibration troublante maintenant sur son ventre.

Mon rendez-vous était trente minutes plus tard. Nous aurions pu rester un peu plus longtemps ensemble.

C'était bien.

Jack

C'était bien…

Oui, c'était bien.

Pendant deux heures elle avait oublié Daniel, c'était bien.

C'était bien. C'était doux, lumineux, neuf, vivant.

Je t'ai oublié, c'était bien.

Je l'ai détesté ton hôpital. Grand, moderne, gris, désert, dans cet air glacé.

Détesté tes mains au-dessus du lit, tes mains qui reviennent chaque soir.

J'ai détesté.

Détesté.

Détesté.

La lumière de la salle de bains vive et crue. Arielle avale un comprimé.

Dormir.

C'était bien.

Depuis quatre mois, elle n'avait pas écouté d'autres mots

que ceux de son chagrin. Même ceux de Daniel, elle n'arrivait plus à les entendre. Elle avait essayé de retenir sa voix, d'aller la chercher dans ses souvenirs, mais peu à peu la voix s'en était allée.

En perdant le corps de son frère, elle avait perdu ses mots, sa façon de les dire.

Le goût âcre du comprimé dans la gorge.

Un verre d'eau.

Elle n'avait gardé aucun de ses messages, elle n'avait pas prévu, qui aurait pu prévoir ?

Son frère, son frère jumeau, Daniel.

On lui avait enlevé la moitié d'elle-même, arraché la moitié en deux jours top chrono.

Elle avait été jumelle. Ne l'était plus.

Le goût âcre du comprimé s'accroche au fond de la gorge.

Un verre d'eau.

L'exactitude de la voix s'en est allée, l'exacte façon qu'il avait de lui dire bonjour par exemple, un gribouillis de mots enfantins. Est-ce que c'était :

« Bouroudoudoudou, bouroudoudoud… »

Ou bien :

« Roudouboudouboudou. »

Ou :

« Douroudoudouboudou. »

Ou peut-être qu'il ne disait jamais la même chose. Elle ne sait plus. Quatre mois plus tard, elle ne sait déjà plus.

Oui, c'était bien.

Il arrivait, posait son casque, toujours à scooter, toujours mille choses à vivre, à faire, à raconter. Il la prenait dans ses bras, la serrait fort, un peu comme sur cette photo en noir et blanc : ils ont quatre ans, des cheveux coupés court impeccables, des chaussettes blanches jusqu'aux genoux, des petits manteaux, elle se souvient même de la couleur, à carreaux verts et bleu marine pour elle, gris à fines rayures pour lui. Il la serrait fort sans jamais se lasser de ce moment d'enfance entre ses bras d'homme, il la regardait de la tête aux pieds, s'assurait qu'elle n'avait pas changé, même en une semaine, même en deux jours, et alors seulement il prenait son visage entre ses mains et demandait :

« Ça va ? »

C'était bien.

Se souvenir.

Oublier.

Dormir.

Le goût âcre s'estompe dans la gorge.

Elle ferme les yeux.

C'était bien…

Elle s'endort.

Le lendemain, elle prend le livre que Daniel lisait quand il est mort. Peut-être qu'avec ce livre elle pourrait… Ils pourraient encore rire ou s'émouvoir ensemble ? Elle lit et relit la même phrase pour la dixième fois, se concentre, essaie de rattacher le sujet au verbe, la phrase au contexte, mais n'y arrive pas. Ce n'est pas que le livre ne lui plaise pas, non, c'est que chaque ligne l'emmène ailleurs, vers un souvenir, une phrase, un détail, une question.

Quand il est mort, Daniel avait déjà lu les deux tiers de *La Belle Vie*. Si elle avait pu rire, elle l'aurait fait. Mourir en ayant choisi de lire *La Belle Vie* ! Mais elle n'avait pas appris à rire de ce genre de coïncidences. Est-ce à cause du titre qu'il avait choisi ce livre ? Est-ce que, dans cette *Belle Vie*, il avait cherché une solution à la sienne ? Pensait-il avoir une belle vie ? Et avait-il eu une belle mort ? Puisqu'on disait ça, et sans plaisanter cette fois, avoir une belle mort. Comment pouvait-on imaginer que quelqu'un ait une belle mort ?

Avait-il eu conscience de la sienne ?

Avait-il eu peur ?

S'était-il senti devenir différent ?

Ce corps étendu sur le lit d'hôpital, ce n'était pas le sien. Plus le sien, déjà. Elle le savait, elle le connaissait par cœur.

Oui, par cœur.

Ils étaient nés ensemble. Ne s'étaient pas quittés ou si peu.

Jumeaux. Une fraternité inconnue aux autres, aux frères et sœurs, aux amis, petits ou pas, étrangère même aux parents.

Et pour se sentir moins étranger, on se moquait, ridiculisait parfois, infantilisait souvent. Encore à presque quarante ans on les appelait les jumeaux, voire les jujus.

Bonjour les jujus !

Les jujus à table !

Vous venez les jujus ?

On était intrigué : ce couple spontané sorti du ventre de leur mère ? Suspicieux : cette relation inconditionnelle entre un frère et une sœur ? Un garçon et une fille ? Plus tard on avait dit : entre un homme et une femme ? Était-ce bien normal ? Arielle et Daniel faisaient la sourde oreille, brouillaient les pistes, exagéraient les signes, fiers de leur exception fraternelle. Tant pis si les gens ne comprenaient rien, tant pis s'ils étaient suffisamment malveillants pour voir un dysfonctionnement là où il n'y en avait pas. Leur lien était clair, lumineux, malicieux.

Elle lit pour la énième fois la même phrase dans le livre. Elle a mal à la tête.

Il faut qu'elle appelle Daniel, qu'il lui dise quoi faire pour ce mal de crâne qui s'installe insidieux depuis qu'elle prend ces somnifères.

Le portable d'Arielle sonne, ça tombe bien, ce doit être lui.

« Bonsoir, mademoiselle.

— Bonsoir… »

Non, ce n'est pas Daniel.

« Jack Kowalsky à l'appareil. »

Bien sûr que ce n'est pas Daniel. Depuis quatre mois, Daniel est dans une boîte au fond d'un jardin, entre deux poules, un coq et une tortue. Dans un jardin, à huit cents kilomètres.

« Arielle ?

— Oui… »

Jack se demandait… Elle pourrait peut-être lui faire partager ses connaissances sur le jaune ? Ou sur le noir ? Ou sur le rouge et le noir ? Non, il plaisante. Il sait qu'il y a des nocturnes dans les musées, ils pourraient peut-être…

« Qu'est-ce que vous en pensez ? »

Penser ? Penser quoi ?

« Arielle ?

— Oui…

— Vous êtes toujours là ? J'ai cru que vous étiez partie ! »

Il y avait certainement une exposition intéressante où ils pourraient aller ensemble. À moins qu'elle ne préfère une pièce ? Un film ? Elle n'a qu'à choisir.

« Arielle ? »

Il la dérange peut-être ?

C'est-à-dire qu'elle ne s'attendait pas à…

« Vous réfléchissez, vous m'appelez et vous me dites, d'accord ?

— D'accord.

— À très vite, donc. »

Il raccroche. Elle referme le livre.

« Arielle ! »

Cette fois c'est Mathieu. Il est rentré. Elle ne l'a pas entendu.

« Je suis là, tu viens ?

— J'arrive. »

Ce soir-là, en avalant son comprimé dans la salle de bains, elle balance entre Beaubourg et le Grand Palais, Lucian Freud et Caillebotte.

Sans réponse, elle se couche et trouve le sommeil dans ce troublant balancement.

Le lendemain, un message sur son portable :

N'oubliez pas un pauvre Anglais qui ne demande qu'à se cultiver. Appelez-moi. Jack.

Et comme elle ne se décide pas, ou plutôt comme elle craint que ses choix ne correspondent pas aux goûts qu'elle imagine être ceux de Jack Kowalsky, elle ne l'appelle pas. Et comme elle ne l'appelle pas, il lui envoie un nouveau sms :

Alors ?... Expo, cinéma ? Tout me va !

Elle choisit parce que ça lui paraît plus neutre :

Cinéma.

Quand ? Mardi ? Mercredi ? Quand vous voulez.

Pour se laisser un peu de temps encore, elle répond :

Mercredi.

20 heures ?

20 heures.

20 heures, Clint Eastwood ?

Parfait.

Daniel adorait Eastwood. Il avait vu tous ses films.

C'est arrivé, insidieusement, sans qu'elle puisse atténuer le choc. Elle l'aurait fait, si elle avait su. Elle aurait mis de la distance. N'aurait accepté ni le verre au bistrot ni le dîner dans cette grande brasserie du dix-septième arrondissement. Elle aurait dit non merci, je ne suis pas capable, une autre fois peut-être. Ce n'est pas pour moi, mais merci bien. Regardez plutôt la jeune fille qui passe, en décolleté, toute vibrante dans ses baskets, mais moi, non merci. Ou cette femme en noir un peu plus loin sur la banquette qui semble mener tambour battant trois hommes d'affaires à la fois, mais moi, non merci. Ou encore cette jeune femme brune en robe rouge, qui entre avec cet homme légèrement plus âgé qu'elle, peut-être qu'elle… ? Mais moi, non merci. Merci bien.

Le matin, Mathieu était parti pour un congrès à Rome, obligé de prendre le train, à cause de ce foutu volcan de merde.

Elle était dans la salle de bains, elle avait allumé la radio, l'Eyjafjöll faisait toujours la une : *Nous essayons de comprendre ce qui réveille un volcan. Nous ne sommes pas encore prêts à prévoir les éruptions, mais si nous pouvons visualiser le magma lorsqu'il se déplace verticalement à l'intérieur, alors nous améliorerons notre compréhension des processus de l'activité volcanique…*

En entrant dans la salle de bains, Mathieu avait coupé la radio et avait rappelé à Arielle, et ce pour la centième fois au moins, que le matin il ne supportait pas d'entendre toutes ces pubs et plus encore tous ces crétins qui ne racontaient que des conneries. D'ailleurs comment pouvait-elle s'intéresser à ce volcan ? S'il ne s'était pas réveillé tout à coup, alors que ça faisait un paquet d'années qu'il roupillait, s'il avait continué à laisser les gens en paix, Mathieu aurait pu prendre un avion et il serait resté un jour de plus avec elle. Au lieu de ça, il allait se coltiner neuf heures de train ! Et pour se consoler de ce long trajet à venir, il avait glissé ses mains sous le pull, profitant du ventre et des seins. Il n'en avait pas profité bien longtemps parce qu'elle s'était dégagée presque aussitôt.

« Ça ne va pas ?

— Si.

— On ne dirait pas. Tu sais qu'on ne va pas se voir

pendant trois jours ? Tu vas me manquer, tu sais. Et moi ?… Moi, est-ce que je vais te manquer ? »

Elle cherche du dissolvant dans le placard. Où a-t-elle bien pu le mettre ?

« C'est agréable… Et sinon, qu'est-ce que tu vas faire, pendant ces trois jours ? Puisque je ne serai pas là…

— Rien de spécial… Je vais voir Michèle.

— Encore ? »

Il pensait pourtant qu'elle avait compris. Compris que Michèle ne faisait rien pour elle, et que depuis qu'elle avait son histoire avec l'autre là, Enrico…

« Enrique.

— Oui, peut-être. »

Peu importait. En tout cas la bonne copine Michèle, elle était toujours à droite et à gauche, et jamais là quand il fallait. À part quand Arielle lui avait refilé du boulot et toute sa clientèle, alors là, oui, là, Arielle l'avait intéressée. Mais depuis deux ans ? Que se passait-il depuis deux ans ? Enfin, un jour, Arielle finirait bien par comprendre où étaient ses vrais amis, les personnes sur lesquelles elle pouvait vraiment compter.

« Qui sont… ? Tu sais qui sont les personnes sur lesquelles tu peux vraiment compter ?

— Oui.

— Alors, qui ? Dis-moi, puisque tu sais.

— Toi.

— Oui, moi. Exactement. »

Il l'enveloppa de ses bras.

« Tu comprends maintenant ?

— Oui.

— Et je vais te dire, Arielle, c'est bien de savoir qui sont ses amis, mais c'est encore mieux de savoir qui sont ses ennemis. »

Et comme elle restait recluse entre ses bras, il ajouta :

« C'est pour ton bien que je te dis ça, parce que je t'aime. »

Ce dissolvant, décidément elle ne savait plus où elle l'avait mis.

« Et toi ? Toi, tu m'aimes ?

— Oui. »

Il se racla la gorge.

Le taxi qui devait l'emmener à la gare klaxonnait devant la maison.

« Si tu sors, ne rentre pas tard s'il te plaît, tu sais bien que je n'aime pas ça. Tu sais que je m'inquiète, hein, tu le sais ? Et tu ne veux pas que je m'inquiète ?

— Non.

— Bon. Je t'appelle dès que j'arrive. »

L'heure est arrivée vite. Trop vite.

Elle a peur. Peur malgré ses bientôt quarante ans.

Peur justement à cause de ses bientôt quarante ans.

Alors à dix-neuf heures trente, au lieu d'enfiler son imper et de claquer la porte, elle allume la radio.

L'Eyjafjöll jaillissait, débordait.

L'Eyjafjöll avait attendu des années et voilà qu'il coulait sans retenue.

L'Eyjafjöll vivait.

Dix-neuf heures cinquante, il faut qu'elle parte ou qu'elle annule.

Elle ne sait pas annuler comme ça au dernier moment, trouver un prétexte, alors elle part. En retard. La séance de cinéma sera manquée. Tant mieux, l'idée de se retrouver seule dans une salle obscure à côté de Jack Kowalsky la paniquait.

Dans le métro, elle lui envoie un sms :

J'espère que vous ne me ferez pas la tête, je suis en retard.

Il lui répond :

J'aurai plutôt le sourire, puisque je vous vois. Je vous attends dans le café à côté du cinéma.

Assis en terrasse, il regarde patiemment le monde s'agiter sur la place de Clichy. Il a commandé une bière. Effectivement, il accueille Arielle avec le plus grand des sourires. Il déchire les billets de cinéma en riant.

« Mon cher Clint, ce sera pour une autre fois, mon gars. »

Il y a une brasserie à côté, ils vont dîner.

De la bière, Jack passe au beaujolais, sans chichis. Ils commandent un tartare, une salade et des frites. Comme la première fois. Ils font ça d'un air entendu, comme une évidence. À moins que ce ne soit pour se débarrasser au plus vite du problème du choix et pouvoir passer à autre chose ?

« Donc, finalement, vous voyez, nous sommes là, vous et moi… Et vous n'êtes toujours pas morte. D'ailleurs vous m'avez l'air en pleine forme. Un peu fatiguée peut-être, mais toujours aussi jolie.

— Oui, mais il est possible que… Tout à fait possible que bientôt je…

— Pourquoi vous dites ça ? Vous avez un problème de santé ? »

Non, elle n'a rien. Rien de grave. Ou presque rien. Des douleurs au dos. Au crâne. Et quand ce ne sont pas ses yeux, ce sont ses oreilles qui pleurent. Rien de bien méchant. Non, elle pourrait mourir parce que ce serait logique après tout : elle était née en même temps que Daniel, elle allait donc mourir en même temps que lui. Et puisque ça n'avait pas été simultané, ça devait arriver d'un jour à l'autre.

« Pourquoi vous dites ça, dites-moi ?

— Mon frère jumeau est mort. »

Elle l'a dit d'un trait.

C'est la première fois qu'elle dit ça d'un trait à quelqu'un.

Excepté le jour de sa mort, où elle avait dû annoncer la nouvelle à ceux qui travaillaient, ceux qui étaient partis en vacances ou ceux qui faisaient leurs courses pour la soirée du nouvel an. Elle l'avait fait avec la même brutalité que celle avec laquelle on lui avait annoncé sa mort, quand elle était retournée aux soins intensifs, le lendemain matin. Il était mort. C'était fini. Mais pas comme un film qu'on peut rembobiner et revoir. Non, c'était fini, fini. On ne reviendrait plus jamais en arrière.

Elle pouvait le voir si elle voulait, il était encore dans la chambre. Elle l'avait vu, ne l'avait pas embrassé, pas touché.

Elle était repartie et l'avait annoncé aux autres : aux amis, à la famille, aux relations professionnelles classées par ordre alphabétique dans le carnet d'adresses du téléphone portable.

C'était plus tard que c'était devenu difficile à dire.

Dès la semaine suivante.

Et plus le temps passait, plus ça devenait difficile à dire.

Mathieu, lassé de ce chagrin qui ne la quittait pas, au bout de deux mois toujours pas, l'avait envoyée consulter ses confrères.

« Alors, que vous arrive-t-il ?

— Ce qui est arrivé, c'est que… c'est que… c'est que… c'est que… »

Chaque fois, elle avait passé la moitié de la consultation incapable de terminer sa phrase.

Elle était si serrée, si rétrécie à l'intérieur de son corps.

Elle pouvait à peine respirer.

Le spécialiste en neurologie ou psychologie la regardait d'un air compatissant.

« Oui ?

— C'est que… c'est que… c'est que… c'est que… »

Il était patient. Il regardait ses mains, il aurait dû se couper les ongles après sa douche.

« Oui ?

— C'est que… c'est que… c'est que… c'est que… »

Il essayait de la stimuler, comme un fermier encourage une brebis quand elle va mettre bas.

« Ce qui est arrivé c'est que… ?

— Oui c'est… c'est que… »

Un peu déçu de son manque de persuasion, le médecin retournait à ses mains. Peut-être qu'il devrait se décider à aller voir une manucure ? Un médecin avec des ongles soignés, c'est rassurant. Les patients et surtout les patientes sont très sensibles aux mains des médecins. Sa femme lui avait montré une étude sur le sujet parue dans un journal féminin le mois dernier et… Oui, il devrait écouter sa femme un peu plus souvent. Sa femme, c'était la voix du peuple.

« Ce qui est arrivé c'est que… »

Tiens, la brebis se décidait à mettre bas ? Il relevait la tête, la regardait, compatissant.

« Oui, c'est que… ?

— C'est que… mon frère est mort. Mon frère jumeau est mort. »

Enfin ! Cela faisait trois quarts d'heure qu'elle répétait en boucle ce qui est arrivé c'est que, c'est que, et en plus elle avait utilisé la moitié de la boîte de kleenex.

Alors maintenant que dire ? Que faire ?

Le mort était mort, et la vivante à moitié muette, ou si pas muette, bègue.

Il faisait une ordonnance, ou conseillait une potion vendue uniquement sur Internet, et du repos, de la patience, un départ, des vacances. Au Japon ? Oui, très bien le Japon. Très sobre, symbolique, très bien. Il restait joignable évidemment si elle avait besoin, qu'elle l'appelle si ça n'allait pas mieux, et mes amitiés à votre mari.

Parmi tous, Le Bihant avait été consulté, bien sûr. Il lui avait suggéré de réfléchir au mot admettre. Elle y réfléchissait encore.

Et ce soir, dans cette brasserie de la place de Clichy, devant cet homme qu'elle connaît à peine, c'est sorti tout seul, pour la première fois depuis quatre mois.

Jack sourit, désolé, et couvre de sa main celle d'Arielle.

Elle se trouble, non à cause de cette main qui vient de se poser sur la sienne, mais à cause de cette facilité soudaine qu'elle a eue à dire la chose.

Elle attrape le briquet sur la table voisine, laissant la main de Jack seule et abandonnée sur la nappe.

Mais Jack est patient, il attendra le temps qu'il faudra, le temps que, sur le boulevard, le feu se mette au vert.

Arielle allume sa cigarette, et maintenant qu'elle est lancée :

« Il s'appelait Daniel. Daniel, Arielle, que des L… Oui, c'était un peu ça quand on était ensemble, c'était comme si on avait des ailes. Depuis… depuis, je… »

Ça klaxonne sur le boulevard, le feu est passé au vert.

Jack prend la main d'Arielle, cette fois avec plus de conviction.

Il est temps d'avancer.

Elle se laisse faire.

Une douceur nouvelle.

Daniel aurait-il aimé Jack ?

Peut-être que non ? Peut-être qu'il n'aurait pas aimé ce que Jack était en train de faire ? Gagner du terrain dans le cœur d'Arielle.

Ça klaxonne à tout-va maintenant sur le boulevard, alors puisqu'il est temps d'avancer, Jack avance :

« Et votre mari ? Comment… ?

— Il est… il a un congrès à Rome.

— Ah, c'est bien ! Je veux dire il a de la chance. Et comment ça va, avec lui ?

— Pas très bien…

— Ce pas très bien, c'est depuis longtemps ?

— Depuis… depuis le jour où on a su qu'on n'aurait jamais d'enfant, enfin que je ne pouvais pas… Qu'on n'arrivait pas à… Ça a été très dur pour lui.

— Et pour vous ? Pour vous aussi, ça a dû être dur ? »

Elle retire sa main de la sienne.

Il la reprend.

« Vous ne parlez pas de vous.

— Je ne me sens pas très bien. »

C'est vrai qu'elle est pâle tout à coup, presque transparente, on dirait qu'elle va s'évanouir.

Il lui propose de partir, ils peuvent marcher un peu si elle veut.

« Non, ça va aller, ce n'est pas ça… Ce que je veux dire, c'est que je ne me sens pas une femme bien. Convenable. Vous comprenez ? Je ne suis pas une femme bien. »

Non, il ne comprend pas.

« Je ne suis pas capable d'avoir des enfants. »

Jack prend le visage d'Arielle. Il la regarde. La regarde très sérieusement maintenant.

« Moi non plus. Je ne me sens pas un homme bien. Vous êtes comme moi. On est pareils, les mêmes ailes, comme vous dites, sauf qu'en ce qui nous concerne elles ne sont pas dans le prénom, elles sont ailleurs.

— Mais vous, vous avez deux enfants, c'est ce que vous avez dit dans la voiture.

— Oui. Tom et Lila. »

Tom… Un prénom que Mathieu avait choisi pour l'un de ses futurs enfants qu'elle n'avait pas été capable d'avoir.

« Et pourtant vous savez ce qu'on dit de moi ? Enfin, ce que ma femme dit de moi ?

— Non…

— Que je suis un *shabby man*.

— Un *man* quoi ?

— *Shabby*.

— Je suis désolée, je ne sais pas ce que ça veut dire. »

Il avait essayé, vraiment. Essayé de comprendre, faire des efforts, de changer jusqu'à sa façon de travailler, mais il fallait bien qu'il travaille ! Ils étaient partis quinze jours aux Maldives, ça s'était bien passé pourtant.

« *Shabby* ?

— Oui… Usé, fatigué, minable. Ce que ma femme dit, c'est que je suis un homme minable. »

Il n'a l'air ni abattu ni convaincu.

Il est habitué.

Un moment, ils restent les yeux dans les yeux.

« Vous savez ce que ma mère disait de moi quand j'étais petite ?

— Malheureusement je n'étais pas là. J'aurais bien aimé, mais…

— Vous ne devinez pas ?

— Non, vraiment. Qu'est-ce qu'elle aurait pu dire ? À part que vous êtes belle, charmante, intelligente ?

— Eh bien, ma mère disait, me disait, tu n'es qu'une minable. Une minable. Et elle prononçait bien chaque syllabe, comme ça : MI-NA-BLE, et elle tapait avec son index sur mon front, pour que ça me rentre bien dans le crâne. Vous savez pourquoi elle disait ça ?

— Non.

— Moi non plus. »

Et ils rient.

Elle rit vraiment ? Oui.

Ça fait quatre mois qu'elle n'a pas ri.

« Je ne le sais pas parce qu'il n'y avait aucune raison.

— Je veux bien vous croire.

— Et pour vous c'est pareil.

— Pareil ? Vous voulez dire que nous sommes... ?

— Oui, moi, je ne vois aucune raison de dire que vous êtes minable.

— Merci. »

Une caresse sur sa joue.

Ils restent suspendus l'un à l'autre, tout à coup si loin des tourments et de la férocité des autres.

L'air autour d'eux est délicieux.

« Dans une heure ils s'embrassent. Tu n'es pas près de plier ta terrasse et de rentrer chez toi ! »

C'est ce que vient de parier le serveur de la salle du fond avec la petite nouvelle qui s'occupe des tables en terrasse. Il sait, il a l'expérience, ça fait vingt ans qu'il travaille dans la restauration, et les couples comme ça, qui ne se décident pas, enfin pas au premier verre, c'est les pires. Ils mettent deux heures à s'embrasser, et puis deux heures encore après à partir. L'avantage c'est que, comme ils sont complètement tourneboulés, ils ne font pas attention à l'addition, et comme ils sont contents, pour te remercier ils te refilent un bon pourboire. Mais bon, faut souvent les pousser un peu dehors, actionner les lumières, faire du bruit, ou quelquefois, carrément, et ça, ça lui est arrivé plus d'une fois, aller leur dire, messieurs dames on ferme ! Sinon, eux, ils resteraient des heures, là encore, à se regarder dans le blanc des yeux.

Tiens, justement l'homme fait signe. Il veut quelque chose ? Payer peut-être ?

Tu parles ! Il commande une autre bouteille, la même, un saint-amour.

« Qu'est-ce que je t'avais dit, ces deux-là, ils vont nous faire la fermeture ! »

La serveuse apporte la bouteille, change le cendrier.

Jack sert, parce que c'est à lui de la servir.

« Vous aimez ?

— Oui.

— C'est un vin profond et voluptueux, j'aime beaucoup aussi. »

Oui, Arielle aime.

Ce vin.

Cet endroit.

L'heure tardive dans ce restaurant.

Cette petite serveuse en tailleur mal coupé et talons importuns pour crapahuter de table en table, et qui se met en quatre afin de rendre leur soirée la plus agréable possible.

Ce boulevard qui fait du bruit et qui les accompagne comme un bon copain qui se serait mis à table avec eux.

Ce couple à la table d'à côté, avec qui elle partage le briquet et quelques considérations sur la douceur du soir.

Elle aime tout de ce restaurant.

Elle resterait la nuit entière, là, enveloppée dans la complicité de tous. Les amoureux amusent, attendrissent et nous donnent, le temps de leur bonheur, à nouveau espoir.

Ils rient de tout, et de trois fois rien, profitent des chansons diffusées dans les haut-parleurs pour se présenter l'un à l'autre, une pension en France, jésuite mais sportive à l'adolescence pour lui, les premières cigarettes pour elle. Le premier baiser, la première fois. Pour vous, c'était à quel âge ?

Attendez !

Ils se taisent une seconde.

Youssou N'Dour, Neneh Cherry, *7 Seconds*... Daniel adorait.

Cette année-là, le Var était parti en fumée, Arielle avait vingt ans, et elle avait décidé de devenir restauratrice de tableaux pour réparer les dégâts.

« Vous restaurez des tableaux ? Je ne savais pas...

— En fait je ne... »

Elle ne développe pas, sa situation lui paraît tout à coup si peu séduisante. Elle choisit une pirouette.

« Vous avez un tableau de votre grand-tante qui traîne dans le salon ?

— Non, pourquoi vous me dites ça ? »

Généralement, quand on apprenait qu'Arielle faisait ce métier, on lui demandait de venir ressusciter un ancêtre dans un tableau, on lui parlait de vieilles toiles qu'on avait laissées s'éteindre à la cave ou au grenier.

« S'éteindre ?

— Oui... Il n'y a plus de lumière sur la toile, plus de profondeur. Mon travail c'est de redonner la vie, les couleurs, j'adore ça. Voir un tableau naître à nouveau, c'est magnifique, comme une personne qui reprend vie.

— En tout cas, moi, ce n'est pas du tout ce que j'ai envie de vous demander. Là, j'ai envie de vous demander... »

Il retient ses yeux dans les siens.

Elle le laisse les prendre.

Un silence.

« On y va ?

— Oui. »

En se levant, Arielle vacille un peu entre les chaises.

La serveuse sauve à temps les verres de blanc sur la table voisine.

Il la raccompagne chez elle.

Elle le laisse entrer.

Il remarque tout de suite cette photo d'elle sur le mur.

« C'est vous ?

— Oui.

— Ça ne vous ressemble pas. Pas du tout. Vous êtes beaucoup plus douce que ça. »

Elle aime qu'il n'aime pas ce portrait. Qu'il ait vu au premier coup d'œil qu'elle n'est pas celle qui est sur le mur, cela veut dire qu'il la regarde autrement. Elle n'a jamais été celle qui est sur le mur. Figée, fermée. Une photo prise il y a deux ans par Mathieu. Noir et blanc, papier glacé. La seule image d'elle que Mathieu ait jamais voulu laisser sur le mur.

Elle s'est assise.

Jack est resté debout. Appuyé contre le mur, il la regarde parler. Elle pourrait ne pas s'arrêter, non qu'elle ait des choses spécialement drôles ou intéressantes à dire, non, elle pourrait ne pas s'arrêter juste pour que lui ne cesse pas de la regarder.

Elle veut qu'il la regarde.

Elle se lève, elle sait qu'il va suivre chacun de ses gestes. Elle laisse sa main flotter dans l'air, montre quelque chose dans la pièce qui pourrait exister mais qui n'existe pas, et elle la laisse, comme ça, en suspens, pour qu'il la prenne. Maintenant, elle veut qu'il la touche. Et lui comprend ce qu'elle veut. Il prend sa main, avec dans la détermination du geste une envie de tout prendre.

Ce n'est plus qu'une question de secondes.

Ils n'ont jamais été aussi seuls ensemble, et aussi proches.

Alors il prend tout, et l'embrasse.

Elle l'accueille avec tant d'évidence.

Une odeur d'herbe qu'on vient de couper inonde son corps. Elle inspire profondément pour la garder le plus longtemps possible. L'odeur envahit son ventre, ses cuisses, son cœur, tout.

La cuisine devient une prairie à perte de vue.

Il prend le visage d'Arielle, comme on prend de l'eau aux fontaines sur les places en Italie. Il le boit avec tant de précaution.

Il aime ses yeux, sa bouche, ses cheveux. Elle a de si beaux cheveux. Il en écarte une mèche, qu'il n'y ait plus aucun obstacle entre ce visage et lui. Il veut être sûr de tout voir.

Qu'on ne lui cache rien.

Puis il dessine à nouveau les contours du visage, en fermant les yeux cette fois, pour être sûr du souvenir quand il sera seul.

Elle le laisse faire.

Il sourit, ce visage lui plaît.

Il l'embrasse.

À se noyer.

Il découvre la douceur de la peau sous le pull.

Elle sent la puissance des battements de son cœur à travers la chemise à fines rayures bleues, la force immense de persuasion qu'il lui faut pour faire patienter son désir.

L'espace autour d'eux devient double.

Tantôt à perte de vue.

Tantôt en un lieu serré, où ils sont seuls.

Et puis, elle ne sait plus comment, comment ils ont trouvé la force de ne pas aller plus loin et celle de se quitter, il est parti.

Le temps s'est écrasé noir dans un cendrier.

Sur la petite table de l'entrée, il a oublié son écharpe, un mélange de bleus et de terre de Sienne. Elle plonge son visage dans la douceur de la soie, à la recherche de l'odeur. Froisse à pleines mains ce souvenir d'herbe coupée pour qu'il reste, intense, entre ses doigts. L'écharpe à son nez, à ses lèvres, à son cou, à s'en étourdir chaque pore de la peau.

Plus tard, l'écharpe avec elle sous les draps. Le long de son corps, sur son ventre, ses cuisses, son sexe. Elle imagine le pouvoir qu'auraient les mains de Jack sur elle. Elle imagine son regard devenu sauvage, ses caresses secrètes et insensées, les mots subitement obscènes, jusqu'à ce moment où l'on crie d'avoir déjà à se séparer.

Trois heures : elle écoute le réveil qui dans un bruit d'aluminium laisse passer la nuit. Est-ce que Jack dort ? L'odeur verte est forte encore entre ses doigts.

Cinq heures : l'odeur verte commence à s'effacer, ne reste plus qu'à l'endroit de cette petite palme entre les doigts.

Sept heures : l'odeur a disparu.

Plus aucune trace de Jack sur son corps.

Elle peut dormir.

À mon réveil, je t'ai cherchée sous ma douche, tu n'y étais pas, sous mon bol de café non plus, pas plus que dans la poche de ma veste… Je suis parti, dégoûté, la journée commençait mal.

Je te vois quand ?

Elle va appeler Daniel. Tout lui raconter. De la rencontre à l'aéroport aux deux corps embrassés dans la cuisine.

Il n'y a que lui pour adapter le rythme de son cœur au sien, que lui pour s'enthousiasmer avec elle ou bien la mettre en garde, que lui pour raconter ce qu'il sait des hommes, lui dire à quoi s'attendre, tout envisager ou ne rien espérer.

Quand Arielle est indécise devant la vie qui se présente à elle, c'est lui qu'elle appelle. Quand elle rencontre un homme, une femme, un livre, un film, quand elle découvre un boulanger ou un marchand d'épices, quand elle achète une nouvelle robe, c'est lui qu'elle appelle.

Et quand il fait froid l'été, c'est encore lui qu'elle appelle.

Daniel.

Daniel, l'indispensable témoin de sa vie.

Oui, elle va l'appeler.

Et puis tout à coup elle se souvient : il n'est plus là.

Plus jamais là.

Plus jamais sa parole donnée.

Plus jamais ses messages reçus, la plupart du temps, cinq sur cinq.

Décédé.

Parti.

Mort.

Comment disait-on ? Comment fallait-il dire ? Dire correctement. Clairement. Elle s'était posé la question, quand il avait fallu annoncer la nouvelle. Elle avait choisi le mot mort. Décédé, elle avait l'impression de faire partie d'une entreprise de pompes funèbres. Parti, on lui aurait demandé où ! Et elle ne connaissait pas la réponse. Déjà que personne ne voulait y croire.

Elle avait dû répéter plusieurs fois au téléphone :

« Daniel est mort.

— Quoi ?
— Daniel est mort.
— C'est pas possible. C'est pas vrai ? »
Elle avait même dû insister :
« Si, c'est vrai. Il est mort.
— Mais que s'est-il passé ? »
Et elle avait dû expliquer :
« Un AVC.
— Quoi ? »
Quelquefois la communication était mauvaise, on ne comprenait pas bien de l'autre côté.
« Un AVC, un accident vasculaire cérébral.
— Mais comment ça se fait ? »
Ça… Elle n'en savait rien. Ce n'était pas parce que Daniel était médecin que… Les gens croient que… Que quand on est jumeaux, on fait tout pareil, on sent tout pareil, on pense tout pareil, même pas de différence entre garçon et fille. Non, sur le coup, elle n'avait pas cherché à savoir. Il était mort, c'est tout.
On s'indignait.
« Mais pourquoi lui ? Pourquoi ? »
Ah ça…
On était anéanti, dérouté. Ce 30 décembre, ce n'était pas du tout ce qu'on avait prévu de fêter.

Le téléphone sonne.

Daniel ?

Non, c'est Jack.

Elle reste, immobile sur le lit, à regarder le téléphone sonner. Tout à coup, cette éruption dans ses veines, dans son ventre, cette lave qui bouleverse tout sur son passage, elle ne sait plus quoi en faire. La violence du volcan l'effraie.

Il laisse un message :

Rappelle-moi, il faut que je te parle. Il faut absolument que je te parle ! S'il te plaît, rappelle-moi, vite !

À l'entendre, on dirait qu'il est perdu en pleine forêt amazonienne, égaré devant l'immensité surprenante de la vie. S'il savait… Arielle aussi, et certainement plus encore que lui, s'est arrêtée perdue, paralysée devant le mystère des grands arbres.

Elle attend une heure, deux heures, le temps que son cœur cesse de battre si fort, et qu'elle n'ait pas l'air essoufflée au téléphone, et elle le rappelle :

« C'est Arielle. »

Pas besoin de le dire, il sait bien que c'est elle.

Elle reconnaît cette secrète douceur dans la voix, celle que l'on garde jalousement pour les plus proches. Il y a si longtemps qu'elle ne l'avait pas entendue, elle avait oublié.

Il est à son bureau. Pas très loin de lui dans la pièce, Stéphanie, sa secrétaire. Il parle vite et bas, comme on fait pour les recommandations primordiales et urgentes. Ce qu'il voulait lui dire, ce qu'il faut qu'elle sache absolument, c'est qu'elle peut l'appeler n'importe quand, elle ne le dérangera jamais, même s'il est en réunion, en rendez-vous, il décrochera toujours. C'est très important pour lui qu'elle le sache.

Un temps entier, plein, total, absolu, de part et d'autre du téléphone.

Et ce qu'il voulait savoir aussi :

« Je te revois quand ? »

Il aurait voulu que ce soit aujourd'hui, c'est la raison pour laquelle il lui avait laissé ce sms en début d'après-midi, parce que justement il avait un moment de libre entre quatorze heures trente et seize heures, enfin il s'était débrouillé pour en avoir un, mais maintenant… Il était quoi ? Quinze heures trente ? Maintenant… les réunions s'enchaînaient jusque tard dans la soirée. Le lendemain, il partait pour Marseille voir un client, un de ses plus gros clients, et en rentrant, dans la foulée, il attraperait l'Eurostar pour Londres.

Mais la semaine suivante ?

Est-ce que lundi matin elle serait libre ?

Oui, elle le sera.

Alors il prendra le premier avion, si l'Eyjafjöll le lui permet évidemment, et il sera là au plus tôt.

Lundi matin. C'est si proche et si loin. Elle a trois jours. Trois jours pour se préparer, pour lui.

Jack.

Qu'il la trouve belle dès le premier regard. Qu'il n'ait pas d'autre choix que désirer la prendre pour ne l'avoir qu'à lui.

Dès le lendemain, elle retrouve chez le coiffeur le brun cuivré de ses cheveux. Puis elle cherche au fond de ses placards ses cachemires oubliés, ses jupes et ses robes d'été. Elle essaie des boucles d'oreilles, de longs colliers de pacotille. Elle choisit des sous-vêtements, abandonnés dans une boîte depuis des mois, imagine qu'il les regardera, qu'ils lui plairont, et qu'il saura comment faire pour les lui enlever.

Le soir, elle prend un comprimé, un nouveau protocole que Mathieu lui a rapporté de la clinique. Depuis quelques jours, il la voyait si nerveuse, plus fragile encore. Il était retourné voir Le Bihant qui lui avait assuré qu'avec ça, pas le temps de gamberger, ça vous assommait en un quart de seconde, on oubliait tout.

Mathieu est rentré de Rome dans la nuit.

Le lendemain matin, aux aguets, il attend Arielle dans la cuisine. Dès qu'elle entre, il lui fait remarquer qu'en arrivant il a trouvé toutes les lumières de la maison allumées. La fête ! Le château de Versailles ! Il a cru qu'elle l'attendait, il est allé voir, mais non, elle ne l'attendait pas. Elle dormait. Elle avait dû faire la fête sans lui.

« Arielle, c'est ça ? C'est la fête quand je ne suis pas là ? »

Quelquefois, il hurle.

Elle ouvre la fenêtre de la cuisine, que le printemps entre dans la maison. Les branches du cerisier du Japon sont couvertes de boules roses. Des pétales, légers, s'envolent de jardin en jardin.

« Arielle ! Pourquoi tu ne me réponds pas ? »

Elle quitte les questions et les cris, quitte la cuisine. Elle va ouvrir son cœur. Non, pas son cœur ! Son ordinateur ! Mathieu ne la lâche pas et la suit jusqu'à ce petit coin de bureau qu'il lui a si généreusement laissé dans le salon.

« Arielle !

— Oui…

— Réponds ! C'était la fête, c'est ça ? Qu'est-ce que tu fais ? »

Elle va répondre aux condoléances, il serait temps, elle a déjà des mois de retard.

Mathieu se penche sur la nuque d'Arielle, tente une caresse, un baiser. Elle ne bouge pas, raide devant son écran. Il laisse planer un « Bon » mi-ironique, mi-glacé, et puisqu'il n'y a encore que l'autre là, le mort, qui compte, monte se reposer.

En fait, elle espère trouver un mail de Jack, elle a besoin de courage.

Devant Mathieu, elle a tant besoin de courage.

Face à ses interrogatoires, ses avertissements, ses interdictions.

Elle a besoin de courage pour ce mensonge qu'elle lui fait et qu'elle sent grandir en elle.

Elle a besoin de…

Daniel.

Elle regarde l'écran. Il suffit de… Et elle le fait. Elle clique sur l'icône. Et tout à coup Daniel est là. Daniel tout sourire, Daniel qui traque le soleil en Grèce, en Italie, dans le sud de la France, Daniel avec une femme, Daniel avec une coupe de champagne tout habillé dans une piscine, Daniel qui éclate de rire, Daniel qui se concentre sur une recette de tarte aux fraises, Daniel qui salue ceux qui l'accueillent ainsi dans leur appareil photo. On dirait qu'il arrive. À moins qu'il ne dise au revoir, en prévision du moment où il devra déjà partir.

Daniel, j'ai besoin de courage.

Une photo, en noir et blanc.

Ils ont six ans. Ils sont dans le jardin. Le même maillot de bain à rayures. Daniel assis, les jambes repliées devant lui, les mains croisées sur les chevilles, ce qui donne à son dos légèrement arrondi un air canaille, regarde droit devant, droit au loin. Arielle, à genoux derrière lui, la main à peine posée sur son épaule, l'encourage, à moins qu'elle ne lui demande conseil. Au dessin que forment leurs deux corps, on dirait un bateau prêt à affronter le grand océan, qui mesure, avant de partir, l'étendue du chemin à parcourir.

Est-ce qu'il devinait, déjà, les vagues énormes et dévastatrices qui renverseraient tout en s'écrasant sur la plage ?

Comme ce 30 décembre.

Un moment, elle arrête de respirer.

Vite une autre photo. En noir et blanc encore. Ils sont assis en tailleur sur la terrasse derrière la maison, une tartine de confiture à la main, une médaille en or autour du cou, un polo clair, le même, comme toujours. Ils ont sept ans. L'âge de raison, l'âge de savoir lire et écrire. Ils savent maintenant le nombre de L dans leurs prénoms. Trois à eux deux. Un chacun, et l'autre en secours.

Du secours, elle et lui, ils s'en donneraient toujours.

Les tartines de confiture terminées, ils partaient s'entraîner dans le jardin : ils dépliaient leur bras comme des ailes, couraient à toute vitesse et faisaient vrrrrrrrr très fort. Le plus fort possible. Comme si le bruit à lui seul pouvait les faire décoller.

Vrrrrrrr !

Un jour, ils voleraient ensemble !

Un jour, ils partiraient ensemble !

Loin, très loin.

Vrrrrrrr !

Combien de vacances, de week-ends ensemble ?

Trop sans doute, difficile de se glisser entre eux pour une quelconque histoire à deux. Ils le savaient, et ils s'en fichaient. Si quelqu'un avait le courage, le désir d'en soustraire l'un à l'autre, qu'il le fasse ! On verrait bien.

Ça arrivait, difficilement, mais ça arrivait.

Mathieu l'avait fait. Mais Mathieu avait voulu Arielle toute à lui.

Peu de week-ends avec Daniel, dès lors. Puis très vite, plus du tout.

Le dernier en date, il y a cinq ans, arraché à Mathieu après des heures de négociation. Ils étaient partis chez leur père, voir si l'arbre était toujours debout au bord de l'étang. Il l'était toujours. Ils étaient arrivés tard à cause des embouteillages. Sur l'autoroute, ils avaient bu des cafés infects et pourtant tellement délicieux parce que bus ensemble, ils avaient chanté à tue-tête des tubes démodés, qu'ils ne chantaient plus sauf quand ils étaient ensemble, et ils avaient béni les bouchons parce qu'ils rajoutaient du temps à celui qu'ils pouvaient passer seuls ensemble.

Le dimanche matin, en entrant dans la salle de bains, elle y avait trouvé Daniel. Il se regardait dans la glace, sous tous les angles. Le soleil passait par la fenêtre et, dans le miroir, creusait les rides du visage, au coin des yeux, sur le front et sur les joues. Il se trouvait horrible et vieux.

« Toi, vieux ?

— Ben oui, regarde ! Tu vois bien, là... Toutes les rides que ça me fait ! »

Il plissa le front et exagéra le sourire pour qu'elle les voie mieux.

« Vieux ? À trente-quatre ans ?

— Il y a des gens qui sont vieux à vingt ans.

— Oui, mais pas toi ! Toi, tu n'es pas vieux ! Et puis tu n'es pas moche, ça je te le garantis, tu n'es pas moche du tout. »

Toutes les amies d'Arielle étaient amoureuses de lui, enfin presque toutes : Isis, Pauline, Sally... Même Michèle. Michèle ? Bien sûr Michèle, mais comme il semblait ne jamais la remarquer, elle avait fini par se faire une raison.

« Quelle raison ?

— Celle que tu n'aimais que moi !

— Ça, c'est bien vrai ! »

Il avait fait une grimace dans la glace, une grimace qu'elle ne l'avait jamais vu adresser à quelqu'un d'autre qu'à elle, et il l'avait prise dans ses bras.

« Roudouboudouboudoubou, tu es trop mignonne. »

Et ils s'étaient lavé les dents ensemble.

Lui, il a quel âge ?

Jack.

Quel âge ?

Notre âge ?

Non, elle ne pouvait plus penser comme ça. Ce « nous »-là n'existait plus.

Il y avait quatre mois, Daniel était mort. Les jumeaux étaient morts.

Une jumelle sans jumeau, ça n'existe pas.

Il y a quatre mois, Arielle jumelle était morte.

Alors elle se dit : Jack a mon âge. Nous devons avoir le même âge. Ce « nous »-là semblait pouvoir exister.

Ce « nous »-là, nouveau, lui plaisait.

Cinq heures. Toujours pas d'avion, mais bientôt avec toi.

Jack a pris le premier train pour être là, au plus tôt avec elle.

Arielle :

Tu ne te lèves pas un peu tôt ?

Jack :

Tu prendrais soin de moi ? Tu es trop mignonne, je t'adore.

Tu es trop mignonne, je t'adore ?

Il parle comme Daniel.

Elle adorait que Daniel lui dise ça, adorait le croire.

Quand il y avait trop longtemps qu'il ne le lui avait pas écrit ou dit, elle cherchait le *t'adore* (oui, un tas d'or) entre les lignes, les gestes, entre le plat et le dessert, entre l'arrivée et le départ, et si elle ne le trouvait pas, elle en rajoutait dans les attentions jusqu'à ce que Daniel, vaincu ou conquis, dise enfin : Tu es trop mignonne, je t'adore.

Alors, en ce lundi matin, Arielle croit ce que Jack lui dit.

Café Les Balkans, métro Madeleine, 11 heures.

Un peu de poudre pour cacher la rougeur de ses joues, inexorable témoignage de ses émotions, un trait de crayon noir le long des cils, du parfum, une robe légère et claire, un long collier en argent. Elle prend son sac et sort.

Place de la Madeleine, elle le voit tout de suite. Il l'attend à la terrasse du café. Ponctuel. Elle se demande comment cet homme qui a tant à faire peut être aussi ponctuel. Il la guette. L'aperçoit enfin. Il se lève. Il est tellement limpide, le corps largement ouvert, le sourire déjà là, avant même qu'elle soit près de lui. Il lui fait un petit signe, pour qu'elle le distingue parmi les autres. Comme si elle ne l'avait pas déjà fait ! Lui seul existait à la terrasse de ce café. Un flot incessant de voitures les sépare. Trois secondes lui paraissent une heure, quelques pas des kilomètres, cette place un océan à traverser. Elle, elle ne sourit pas, trop impatiente pour cela.

Le feu passe au rouge, enfin.

Immense et déplié, il l'accueille sur cette nouvelle rive, la prend dans ses bras, respire son cou, ses oreilles, ses cheveux, l'embrasse. Un groupe d'adolescents, baskets et sacs à dos, les bouscule sur le trottoir, mal à l'aise sans doute devant ce couple de quadras si démonstratifs à onze heures du matin. Ni l'un ni l'autre ne se froisse, au contraire, l'adversité les rassemble. Il la serre plus fort. L'enveloppe et la garde pour lui seul, à l'abri des autres.

Ils s'assoient. Il commande deux cafés, elle allume une cigarette.

Il la questionne, voudrait tout savoir, ce qu'elle a fait ce matin par exemple avant de venir.

Elle ?

Et lui ?

Lui, il a téléphoné à des clients, réglé des problèmes de personnel, vérifié des factures et pris des rendez-vous.

Mais elle ?

Elle, elle a changé trois fois de robe, hésité pendant une demi-heure entre un soutien-gorge en dentelle noire ou pas de soutien-gorge du tout, elle s'est lavé deux fois les cheveux pour défaire cette coiffure affreuse qu'elle avait mis une demi-heure à peaufiner, elle s'est désespérée devant la glace parce que quel que fût l'angle de la lumière, elle avait toujours autant de cernes, elle s'est préparée, c'est tout.

S'est préparée pour lui.

Au lieu de ça, elle dit :

« J'ai envoyé des mails. »

Il a l'air un peu surpris par ce début de matinée flou et vacant, lui qui court après chaque minute de sa journée.

Un jour, elle lui apprendra à deviner le visage d'un nuage dans le ciel, à oser fermer un livre et ne penser à rien, à attendre que le temps passe doucement au bord d'un fleuve.

Il a du travail qui l'attend justement, il se doit d'être sérieux et efficace. Il dégage une mèche de cheveux qui encombre le visage d'Arielle et s'assure qu'aucun détail ne lui échappe. Il n'en revient pas d'être assis, là, en ce lundi matin, en face d'elle, elle a de si beaux yeux, oreilles, épaules, cette bretelle en dentelle noire qui dépasse de sa robe, il voudrait… Il faut qu'elle l'écoute, ce qu'il a à lui dire est très important.

« Arielle, regarde-moi, j'aimerais… On pourrait partir un week-end ensemble ? »

Les voitures passent sans discontinuer autour de la place de la Madeleine, elle n'a peut-être pas bien entendu ?

« Un week-end, tous les deux. Je t'emmènerai où tu veux. »

Et comme elle ne répond pas, pas tout de suite :

« Tu ne veux pas ?

— Si…

— Alors, où ?

— Je ne sais pas…

— Tu aimes la mer ? La montagne ?

— Oui.

— Plutôt en hiver ? L'été ?

— J'aime la montagne et la mer, l'hiver ou l'été, oui.

— Et le Vercors, tu connais ? Tu aimes le Vercors ?

— Je n'y suis jamais allée.

— Jamais ? Je t'emmènerai si tu veux… Il faut juste que je sache quand, que je m'organise. »

Il pleut quelques gouttes dans les tasses de café.

Si tôt, si vite ?

Ils ne se connaissent que depuis quelques jours.

Et Mathieu ? Comment lui dire ? Comment…

Tout ce qu'elle veut pour l'instant, c'est cette douceur et retrouver l'odeur verte d'herbe coupée.

Rien de plus.

Plus ce n'est pas possible.

« Tu ne veux pas ? »

Est-ce qu'il pleut aussi au fond du jardin entre les deux poules, le coq et la tortue ? Elle avait entendu à la radio que le temps allait se brouiller, aujourd'hui, au sud de la Loire.

« Arielle ?

— Oui…

— Alors ? »

Il manque peut-être de persuasion ?

Il change de place, se met à côté d'elle, la prend par la taille, il aime tant la prendre par la taille. Il trouve là toute la grâce et la fragilité de son corps.

Il l'embrasse, pourrait ne pas s'arrêter.

Leurs mains se glissent où elles peuvent.

La serveuse intervient :

« Tout va bien ? »

Jack lâche le corps d'Arielle. Il se souvient tout à coup qu'il y a certains quartiers de Paris, les quartiers d'affaires, ceux à particules, où le bon ton impose une certaine tenue.

« Oui, merci, tout va bien. »

Et puisqu'il faut être sérieux, il le redevient :

« Alors pour ce week-end ? Quand tu veux ? En mai, juin, juillet ? Quand ? »

Il est prêt à ouvrir son agenda, annuler un voyage

d'affaires, des réunions, prendre des billets et réserver un hôtel. Alors quand ?

Elle ne sait pas...

Il change de place. De tactique ? Revient s'asseoir en face d'elle, lui enlève doucement la bouteille d'eau des mains, à laquelle, dans sa confusion, elle s'agrippe comme à une bouée de sauvetage, et il remplit son verre. C'est à lui de le faire, à lui de s'occuper d'elle.

Et il repart à la charge. Il ne lâchera pas prise, pas encore. Quand ?

Si un week-end n'est pas envisageable, il demande au moins une nuit. Passer une nuit entière avec elle. Et une date.

Alors seulement, il pourra être patient.

Elle ne sait pas. Ne peut pas dire encore.

Il regarde sa montre. Déjà ? Il doit partir. Il paye les cafés.

« Pour la nuit, tu me diras ? On en reparle demain ? Tu peux toujours demain ?

— Oui.

— Seize heures ?

— Oui.

— Et tu resteras avec moi après ? Un peu, avec moi ?

— Oui.

— On se retrouve ici. »

Il l'embrasse encore.

Encore et encore sur le trottoir, il voudrait ne pas la quitter, ne pas quitter cette bouche qui sent si bon le sucre, l'abandon et l'audace.

Mais il prend sur lui. Se détache d'elle.

Avant de descendre dans le métro, il se retourne et lui sourit.

Tout à coup, elle s'aperçoit qu'il fait froid.

Le lendemain matin, elle a tellement mal à la tête, comme si un mécanisme de montre tournait, cotonneux et sourd, à l'intérieur de son crâne. Ce doit être à cause des comprimés qu'elle prend pour dormir. Mathieu en doute, mais puisque, visiblement, elle est inquiète, il passera déranger Le Bihant, qui au bout d'un moment, et on pouvait le comprendre, risquait de l'envoyer balader avec ces histoires somme toute bénignes de somnifères. En attendant, comme il ne cesse de le lui répéter depuis des semaines, qu'elle se repose, dorme, qu'elle en profite. Elle, au moins, elle a cette chance, elle peut dormir toute la journée si elle veut.

Sauf qu'elle n'a pas envie de passer sa journée à… Elle a envie de…

« De quoi ? De quoi tu as envie ? Qu'est-ce que tu as à faire de si important ?

— Rien…

— Tu vois. Profites-en, comme ça tu seras parfaitement calme et reposée quand je rentrerai. J'ai une réunion ce soir, tu te souviens ? Je t'appelle dans la journée. »

Elle est en retard. Après avoir tergiversé pendant des heures, elle a choisi un chemisier qui n'en finit pas de se décolleter, une jupe noire qui dessine ses jambes, des bottes et une veste en velours rouge.

Elle a hâte.

Et elle a peur.

Elle a dans le ventre une centaine de papillons. L'envie d'y aller, et en même temps celle de s'enfuir en courant.

Quand elle a enfin, ou déjà ? traversé la place qui la sépare de lui, elle en est à espérer qu'ils resteront l'après-midi assis à siroter un quelconque jus de fruits dans ce café. Pourtant, quand il lui propose de boire quelque chose, elle répond :

« Non merci. »

Et quand il lui dit :

« On y va ? »

Elle répond :

« Oui. »

Dans la voiture, alors qu'ils sont partis depuis dix minutes à peine, elle demande, comme font les enfants pendant les longs trajets :

« On est bientôt arrivés ?

— Pourquoi, tu as peur ?

— Un peu. »

Il sourit, il a son permis depuis longtemps, qu'elle ne s'inquiète pas.

Si, elle s'inquiète, les papillons dans son ventre prennent toute la place.

Elle s'inquiète de ce que l'appartement de Jack soit si près.

Et en effet ils y arrivent.

Déjà.

Enfin.

La porte cochère d'un hôtel particulier.

Un ascenseur qui clique et claque, et qui les emmène en bringuebalant jusqu'au septième étage.

Elle tremble.

Lui, ne tremble pas. Ne tremble pas en glissant la clé dans la serrure. Ne tremble pas en déposant son portable sur le meuble en métal gris de l'entrée, en se débarrassant de sa veste de costume noire comme un grand oiseau qui prendrait son envol, puis en enlevant sa montre en acier chromé qui cède en un clic dans le silence électrique. Ne tremble pas non plus quand il s'approche d'elle, ou du moins c'est ce qu'il lui semble, elle ne le voit déjà plus, elle a fermé les yeux.

Abandonnée.

Le rideau blanc, à la fenêtre, bat dans le vent comme la voile d'un bateau en pleine mer.

Leurs corps se sont accordés tout de suite.

Elle ouvre les yeux.

La jupe noire et les sous-vêtements gris perle épars sur la moquette blanche.

Sur le lit, des draps, en coton beige, témoignent de leur entente passée.

Ils sont allongés.

Elle sent maintenant le poids de son corps qui épouse son dos, et à nouveau l'impatience de son désir au bas de ses reins.

Il délie un long ruban noir sur le ventre, les seins, les cuisses, il passe si près du sexe, elle frissonne.

Le ruban est violemment noir sur la peau blanche.

« Tu es tellement blanche.

— L'été, à la plage, on se moque de moi.

— Moi, je trouve ça beau. Tu es très belle. »

Il saisit son poignet.

Sa main quitte les draps défaits.

Captive.

Le ruban noir s'envole dans la chambre et dessine dans l'air des courbes insolentes.

Approchent autour d'eux des lys vénéneux, des sommets enneigés, un étang trouble sur lequel glissent toutes sortes d'oiseaux aux couleurs sombres.

Ils se serrent, s'accrochent, se détachent, se retrouvent, s'écorchent et se disent ce qui ne se dit pas.

Elle crie.

On dirait qu'elle appelle.

Qui ?

Cet amour en putréfaction dans la maison au-delà du périphérique ? Cet homme là-bas, pour lui dire adieu ?

Ou bien cet homme qui sent l'herbe coupée, qui claque au vent et qui bat sous elle ? Cet homme qui l'emmène là où cela faisait bien longtemps qu'elle n'était pas allée. Elle qui s'était crue fermée au désir. Elle qui s'était dit que c'était fini, et que ce n'était pas si grave.

Ils regardent le rideau blanc, qui ondule encore au vent. On entend des enfants qui sortent de l'école.

Il se lève. Elle regarde ce corps, insoupçonné sous ses costumes d'homme d'affaires, ce corps long et musclé. Elle le trouve beau. Le plus beau de tous les corps d'homme. Elle ne sait pas faire autrement. À moitié. Avec prudence. Réserve. Non, ça elle ne sait pas. Dorénavant, il sera lui, Jack, le plus beau de tous.

Il y a des bières au frais.

D'habitude, elle n'aime pas ça, mais là, assise en tailleur sur le lit à côté de lui, elle trouve que c'est délicieux. Ils boivent en silence, presque étonnés d'être revenus sains et saufs d'un aussi long voyage. Puis, comme après tout grand exploit, vient le moment des récits, des projets : ils imaginent qu'un jour ils retaperont une grande ferme dans le Gers, ils n'auront pas d'enfant mais qu'importe ils feront d'autres choses, ils seront taxis dans la Drôme, maraîchers en Normandie, gardiens de musée dans les Ardennes, oui, même dans les Ardennes du moment que je suis avec toi. Ce sera magnifique, drôle, doux, facile, merveilleux. Un jour, ils montreront à tous qu'ils se moquent bien de l'Eyjafjöll, des horaires, du travail, des saisons et du temps qui passe.

Du moment que je suis avec toi.

N'importe où, n'importe quoi, du moment que je suis avec toi.

Il explore ses bras, ses seins, son ventre, compte les grains de beauté qu'elle a sur le corps. Vingt-deux, vingt-trois, vingt-quatre. Puis inspecte l'autre côté, le dos, les fesses, les cuisses.

« Trente-cinq, trente-six… »

Lui aussi a des grains de beauté partout, son petit garçon s'amuse à les compter quelquefois, elle peut vérifier si elle veut.

« Finalement, on se ressemble.

— Qui ça ?

— Nous deux. »

Elle rit. Il est aussi mat qu'elle est blanche, aussi anglais qu'elle est française, aussi absorbé par son travail qu'elle est libre de ne rien faire.

« Pourquoi tu ris ? Tu ne veux pas me ressembler ? »

Il prend son poignet, le serre un peu, le tient un instant sous le poids de sa conviction.

« Moi je ne ris pas du tout, je trouve qu'on se ressemble. Un peu comme…

— Oui… Peut-être… Un peu, tu as raison. »

Il lâche le poignet, sourit, il a faim.

« Il y a un petit restaurant en bas. »

Elle avait laissé un message à Mathieu dans l'après-midi pour le prévenir qu'elle passerait la soirée avec Michèle. Il n'avait pas donné suite. Elle se sentait libre.

Jack présente sa douche à Arielle, un spécimen en la matière : une cabine blanche posée là, entre la cuisine et le salon. Un malheureux coup de coude pour attraper le savon et la cabine pouvait s'effondrer au milieu des assiettes.

Elle y entre avec prudence, sur la pointe des pieds, attentive à la fragilité de l'édifice. Mais une fois la tuyauterie du spécimen maîtrisée, elle ne se gêne pas pour accabler d'injures les propriétaires qui profitent des locataires en leur louant n'importe quoi à n'importe quel prix.

Jack a déplié une grande serviette bleue. Il l'attend, les bras ouverts.

Il attend patiemment, en souriant, qu'elle en ait fini avec ses ablutions et la révolution.

Dans l'ascenseur, si étroit, elle s'en aperçoit maintenant, qu'on ne peut ajouter ni une valise ni même un sac de courses aux deux personnes autorisées, il dit :

« Je préférais tout à l'heure quand on montait.

— Moi, je préfère maintenant quand on descend. »

Elle est calme, sereine, le corps inconnu est devenu terre conquise, apprivoisée, aimée. Elle peut respirer.

Une terrasse, au coin de la rue. Ils choisissent un tartare, une salade et des frites. Ils se réjouissent en silence de cette habitude partagée, qui leur paraît à l'un comme à l'autre le meilleur signe d'une connivence absolue.

Elle touche à peine à son assiette et le regarde manger.

Il s'en aperçoit, quitte son tartare, débarrasse le visage d'Arielle de ses cheveux, cherche dans ses yeux, ne trouve pas, et donne sa langue au chat.

« Comme tu me regardes… Tu as une façon… Je ne comprends pas… Pourquoi tu me regardes comme ça ? »

Elle prend ses mains, les laisse glisser lentement le long de sa joue, pour être sûre de se souvenir de leur douceur sur sa peau, et les embrasse.

« Tu as des mains tellement belles, et longues, et douces. Magnifiques.

— On ne m'a jamais dit ça.

— Jamais ?

— Non.

— Personne ?

— Non, tu es la première. »

Elle ne le croit pas. Pas une seconde. Il doit dire ça par pudeur, ou pour se défausser, ou par manque d'attention. Oui, il pourrait être inattentif quelquefois, il en serait bien capable. Et tandis qu'elle cherche les raisons d'un tel mystère, il retire brusquement ses mains des siennes. Son sourire se fige.

« Il y a quelqu'un que je connais, là, derrière toi, sur le trottoir d'en face. »

Elle se retourne.

Un homme fait signe à Jack. Il va traverser, les rejoindre.

En quelques secondes, Jack est devenu pour elle un autre, commun au milieu des autres.

L'homme se présente.

« Olivier Sivitt. Sivitt avec deux T.

— Arielle Senger. »

Olivier Sivitt parle, parle, parle sur le trottoir, se raconte, sportif, gâté, bronzé, sérieux et fier de l'être, un véritable coq en costume cravate. Il parcourt l'Europe de long en large plusieurs fois par semaine, il a du travail en veux-tu en voilà, plus une minute à lui, pas même une demi pour appeler ses bons vieux copains comme Jack, et pourtant ce n'est pas l'envie qui lui manque. Mais le temps. Ah, le temps ! Il a même dû abréger ses vacances au Cap !

« Vous imaginez ! »

Non, Arielle n'imagine pas. Elle n'a qu'une envie c'est de l'envoyer à Pôle emploi. Peut-être qu'il comprendrait que travailler, et travailler dans ces conditions-là, c'est aujourd'hui un luxe. Peut-être qu'il comprendrait qu'il y a une flopée de gens qui aimeraient être à sa place, avoir trop de travail plutôt que pas du tout. Qui aimeraient ne plus avoir de temps, ce temps qu'ils passent à gamberger, lire les petites annonces, faire la queue à Pôle emploi justement, parier dans les cafés, découper les bons de réduction sur les paquets de pâtes ou de lessive. Ce temps vide qu'ils passent le matin à leur fenêtre, à regarder impuissants les autres partir travailler.

« Alors Sophie n'est pas ravie ravie, tu imagines ! D'ailleurs telle que je connais ta femme, elle n'apprécierait pas non plus, hein ? »

Jack ne sait plus où se mettre. Où regarder. Alors il regarde sa montre, ce qui donne à Olivier Sivitt l'idée de regarder la sienne. Tiens, ils ont la même. La même montre en acier chromé qui doit céder en un clic dans l'air, annonciatrice de délices à venir. Arielle arrête là la comparaison, c'est trop d'honneur pour l'un, et trop de perspicacité peut-être pour l'autre.

Il est presque onze heures.

Olivier Sivitt doit rentrer, vite, vite, comme son nom l'indique. Mais s'il doit rentrer vite, il ne fait pas tout si vite ! laisse-t-il entendre à Arielle pour montrer qu'outre la réussite et l'argent, il a bien sur lui toutes les qualités masculines requises.

Jack s'empresse d'ajouter, dans une complicité d'hommes d'affaires consciencieux et concernés, qu'il ne faut pas qu'il tarde non plus, le lendemain il doit prendre le premier TGV pour Marseille, et il a encore un dossier compliqué qui l'attend.

Olivier Sivitt, lui, c'est une blanquette qui l'attend.

« Tu te souviens de ma p'tite mère ?

— Très bien, tu parles. Comment va-t-elle ? »

En plus, il a encore sa mère ! C'est le genre de coq à avoir ses deux parents en parfaite santé, tous ses frères et sœurs bien en vie, et une vraie basse-cour d'amis autour de lui.

« Comme tu vois, elle me prépare des petits plats tous les mardis soir, ça lui fait plaisir. »

Ben voyons !

Le petit Olivier Sivitt sourit à pleines dents bien blanches, tellement satisfait de cette chance qu'il a dans la vie.

Arielle, elle, ne sourit pas. Pas du tout.

« Alors, je suis désolé, mais ma mère et la blanquette, ça n'attend pas ! À la prochaine !

— Oui… Nous aussi on va y aller. »

Jack demande ostensiblement l'addition.

Il regarde Olivier Sivitt partir, mais reste sur ses gardes, les coudes sur la table, les mains vertueusement, chastement croisées. Il fait bien, Olivier Sivitt se retourne et suggère un dîner un de ces jours prochains, puisqu'ils habitent le même quartier autant qu'ils en profitent, et vite !

Arielle se lève vite aussi. Pourquoi pas ?

« Tu t'en vas ?

— Oui.

— Je suis désolé… Olivier est un vieil ami de Sarah.

— Sarah ?

— Ma femme.

— Et… ?

— Et je n'aimerais pas qu'elle apprenne ça… Par quelqu'un d'autre que moi.

— Et moi, je n'aime pas cette façon qu'il a de… Et cette façon que tu as aussi, comme ça… devant lui… »

Il l'embrasse. Elle est irrésistible sous la lumière de ce réverbère à revendiquer ainsi sa place à ses côtés.

« Et cette façon-là, tu aimes ? »

Maintenant qu'il sait à quel point ses mains sont toutes-puissantes, il les glisse sans modestie aucune sous le chemisier. Et si elle montait un moment ?

Elle résiste.

Il insiste. Un petit moment dans son appartement ?

Elle résiste.

Elle lui en veut ? Non. Il lui a suffi de retrouver l'odeur verte d'herbe coupée pour oublier Olivier Sivitt. Mais tout à coup elle se souvient.

Mathieu.

Elle se souvient et elle a peur.

Onze heures, il devait être à la maison, à l'attendre.

Elle appelle un taxi, refuse les billets que Jack lui tend pour payer la course, et le quitte comme un brouillon qu'on a griffonné au plus vite. Elle peut imaginer ce qui l'attend de l'autre côté du périphérique.

Des Invalides aux grands boulevards, elle échafaude pierre à pierre un mensonge qui vaille.

Dès qu'elle arrive, elle sait. Il attend, le visage dur et fermé, une oreille traînant devant un résumé de match de foot, et l'autre guettant le moindre bruit annonciateur du retour de sa femme.

Il ne lui dit pas bonsoir.

Ne la regarde pas.

Ne l'embrasse pas.

« Tu étais où ?

— À Montparnasse.

— Avec qui ?

— Avec Michèle. Je t'ai laissé un message tout à l'heure…

— Il est tard, tu ne rentres jamais si tard. »

Elle invoque les difficultés à trouver un taxi…

« Où déjà ?

— Où quoi ?

— Où vous avez dîné ?

— Dans le quatorzième près de chez elle. »

Avec soirée qui s'éternise, confidences de Michèle sur sa vie amoureuse.

« Quelles confidences ? »

Arielle a promis de ne pas divulguer.

Même à son mari ?

Il sait bien qu'elle déteste ne pas tenir ses promesses.

« Mais entre mari et femme on se dit tout, non ? Quand on s'aime… Il ne doit pas y avoir de secret entre mari et femme. »

Et comme Mathieu ne lâche toujours pas, elle finit par dire :

« On a parlé de ses difficultés à… Tu sais bien…

— Non.

— Comme c'est difficile de… de concilier une vie amoureuse intense…

— Une vie amoureuse intense ? »

Mathieu est désolé, il ne comprend pas. Depuis quelque temps, il a perdu toute notion de « vie amoureuse intense ». Mais si elle, Arielle, sait encore ce que cela veut dire, alors il ne doute pas qu'elle soit apte à donner des conseils aux autres.

« Enfin une vie un peu passionnelle… Et pour Michèle… arriver à concilier ces moments-là avec le quotidien, le boulot, les enfants…

— Bien sûr…

— Et puis il y a eu des embouteillages.

— Des embouteillages à cette heure ?

— Oui, des travaux sur le périphérique. »

Mathieu avale le tout, accompagné de quelques verres de Pontet-Canet. Au quatrième, il en a entendu assez, il est temps de conclure.

Il s'approche d'elle.

Il ne dit rien, mais elle sait ce qu'il propose. Un marché : consentir aux confidences de Michèle et aux embouteillages sur le périphérique contre elle tout entière, toute à lui comme il veut. Et parce qu'elle sait que si elle refuse il poursuivra, tenace, son interrogatoire serré, elle accepte. Il peut prendre les fesses, les seins, le ventre, la regarder ou pas, attendre ou pas, comme il veut. Elle accepte. S'ouvre, puisque c'est ce qu'il veut, et le laisse entrer.

Il a eu ce qu'il voulait, il est satisfait, elle peut monter se coucher maintenant.

Ah, et pendant qu'il y pense, il a une boîte de somnifères pour elle, que lui a donnée Le Bihant. Une nouvelle molécule. À essayer. Il faut se mettre au lit immédiatement après avoir pris un comprimé.

« Un entier ?

— Oui, un entier, c'est ce qu'il m'a conseillé. »

Dans l'escalier, elle essuie sa bouche à la manche de sa veste, frotte fort, efface toute trace de ces lèvres qui se sont imposées aux siennes, sans détour, avec l'habitude du conquérant. Si elle pouvait arracher la peau, elle le ferait.

Elle prend un comprimé, se couche.

Ferme les yeux.

Des mains.

Celles de Jack, cette fois.

Ses mains qui ont fouillé son corps, et qui ont tout pris. Ses mains qui ont réclamé celles d'Arielle pour qu'elles s'attardent sur le sien.

Ses mains accompagnées de cette pointe d'autorité qu'il a tout à coup pour l'emmener ailleurs et qui la fait basculer de l'autre côté.

De l'autre côté.

De l'autre côté.

Elle s'endort.

Elle se réveille tôt. Comme Jack.

Elle voudrait tout faire comme lui. Vivre à son rythme.

Il a pris le TGV de 6 h 15.

Elle essaie de faire taire son impatience le plus longtemps possible. Il est huit heures quand elle s'autorise enfin un sms :

Qu'est-ce que tu fais dans le train ? Tu dors ? Tu travailles ?

Jack (immédiatement) :

Je lis.

Quoi ?

Rien qui te passionne, j'imagine.

Ce que tu lis me passionne !

Alors... Rugby World. *Peu de chances que tu connaisses.*

Je connais !

Daniel lisait *Rugby World*. Jusqu'à ses dix-huit ans il avait été ailier droit dans une équipe de rugby.

Au collège, même si on avait pris soin de ne pas les laisser dans la même classe, ils avaient eu le même professeur de français, une femme ronde et diaphane, sujette à des maux de tête insupportables dès que le vent d'autan se levait, tout entière dévouée à Gérard de Nerval et au ballon ovale. Les jours de grands matchs, et seulement ces jours-là bien entendu, elle leur demandait de regarder la télévision.

« Notez sur vos cahiers de texte, demain seize heures, France/Angleterre. Je vous conseille de regarder, cela pourra vous être utile pour le devoir de lundi ! »

Ces samedis-là, Daniel partait chez des copains et

revenait sans voix, ivre de colère ou d'enthousiasme, tout dépendait du résultat. Arielle le suivait sur le chemin comme un petit chien triste de devoir se séparer de son maître, négociait sa présence à ses côtés à coups de Carambars ou de fraises Tagada, promettait de rédiger son devoir de français, de prendre son tour de vaisselle, mais inflexible, et c'était bien les seules fois où il ne succombait pas, il la laissait au bord du chemin. Qu'elle arrête de le suivre. Qu'elle retourne à la maison, à ses croquis et ses boîtes de peinture, il voulait regarder le rugby seul avec ses copains. Tranquille sans elle. C'était possible pour une fois d'être sans elle ? Seul ? Elle faisait demi-tour, inconsolable, et passait l'après-midi dans le salon à dessiner des Madones sur de grandes feuilles de papier Canson tout en suivant d'un œil le match à la télévision.

Si le rugby avait été dans leur enfance un sujet de rédaction, il avait été aussi un sujet de séparation.

Daniel ? Tu ne voulais pas de moi ?

Serais-tu amatrice de rugby ?

Elle avait grandi rugby, était devenue rugby, et il y a quatre mois était morte rugby.

Mathieu, lui, était foot. On devient la compagne d'un footeux ou d'un rugbeux.

Elle devenait rugby pour la deuxième fois.

Amatrice de toi ! Je t'embrasse longtemps, très longtemps, au moins jusqu'à Marseille.

Jack :
Mmmmm... J'en profite!

Plus tard, dans l'après-midi, elle lui écrit :
Demande une minute de silence aux Marseillais, juste pour que tu puisses penser à moi.

Jack (immédiatement) :
Gagné!

Elle aurait voulu plus. Une heure. Deux heures. La journée entière. Une semaine. Le temps que son désir cesse de battre dans son ventre. Mais elle n'en demande pas plus, il est en réunion, elle lui fiche la paix.

Le soir Mathieu rentre, ponctuel et léger.

«Arielle! C'est moi!»

Qui d'autre cela pourrait-il être?

«Tu te souviens? Il y a le match.»

Comment pouvait-elle ne pas se souvenir?

Depuis le matin, le match de foot du soir faisait la une de tous les journaux, évinçant l'Eyjafjöll et les dégâts épouvantables du tremblement de terre en Haïti. Les spécialistes spéculaient, se gargarisaient de conjectures victorieuses. On s'interrogeait, on espérait, on s'excitait, on pronostiquait, on parlait, se parlait à nouveau.

Ces soirs-là, les cafés se remplissaient, tandis que les cinémas et les théâtres se vidaient. Les hommes s'invitaient entre eux, à grand renfort de packs de bière et de paquets de chips. Et pendant une heure trente on oubliait les gosses, le boulot, les factures, sa maîtresse ou sa femme et quelquefois les deux, on s'enflammait, on se décourageait, on donnait son avis, on gueulait. Oh, que c'était bon de pouvoir gueuler en toute liberté ! Mathieu exultait devant son poste de télévision : Cours ! Vas-y cours ! Tu vas marquer, vas-y cours ! Ou se désespérait : Cours, nom de Dieu, mais cours ! Quelle feignasse celui-là, à rester planté au milieu du terrain ! Il était payé des fortunes, non ? Alors il avait qu'à courir, on le payait pour ça ! Oh, que c'était bon de pouvoir gueuler. On injuriait l'arbitre qui ne voyait jamais rien. Mais où est-ce qu'on l'avait dégoté celui-là ? Si ça se trouve, il avait été acheté par l'équipe adverse. On se rappelait les heures de gloire des grands matchs truqués. On reprenait à tour de bras les deux présentateurs, deux anciennes stars du ballon rond, en se foutant de leur gueule, avec leur sourire benêt et leur costume de pompes funèbres. Ils avaient vraiment l'air cons. On rigolait, on se passionnait, on mangeait des trucs bien gras que d'habitude on ne mangeait pas, ou plus. C'était un moment génial, super, au poil, canon, bandant, à ne manquer sous aucun prétexte !

Et les femmes ?

Pour celles qui voulaient, elles étaient admises bien sûr, à condition de ne pas poser de questions. Les questions des femmes, pendant un match, ça casse l'ambiance, ça tombe toujours au mauvais moment, faut expliquer, répéter, calmement, alors qu'on est en train de hurler pour l'obtention d'un penalty, ou d'un carton jaune. Non, les questions des femmes pendant un match, c'est insupportable.

Alors les femmes en profitaient pour voir leurs bonnes

vieilles copines : on buvait une bière ou plutôt un p'tit blanc, on refaisait le monde et surtout son couple, on parlait fringues et surtout pas cuisine, on fantasmait sur les acteurs américains et quelquefois même sur les joueurs de foot.

Le temps d'un match la soirée était légère. De part et d'autre on s'exprimait, on vidait son sac ou son tas de linge sale, on rêvait, on délirait, on se sentait vivre.

« Arielle, tu viens ? Ça va commencer ! »

Arielle est devant la fenêtre ouverte, elle regarde les nuages traverser le ciel.

Au troisième étage de l'immeuble d'en face, une femme se penche, dans la rue tout est désert et silencieux. On dirait qu'elle cherche quelqu'un à qui parler. Elle aperçoit Arielle, un petit signe, un sourire, un bonsoir, plus peut-être ? Mais tout à coup des hurlements traversent les fenêtres, toute la rue se remplit de cris qui explosent. Une jouissance libérée, rageuse et triomphale. La France a marqué un but ! Un but ! La victoire devient possible ! Certaine !

La femme se retourne, on l'appelle. On lui annonce la bonne nouvelle, au cas où elle ne l'aurait pas entendue. On va fêter ça. Est-ce qu'elle va prendre un verre ?

Un livre ?

Un bain ?

Ou le linge qui l'attend ?

Ou mettre du vernis sur ses ongles de pieds ?

Elle prend le linge, le plie méticuleusement, le range. Ce sera fait. Sera fait pour demain.

Ensuite elle peindra ses ongles de pieds, elle ira se coucher et attendra. À moins qu'elle n'attende plus, et qu'elle retourne à la fenêtre rêver d'un amour éternel ?

On pouvait espérer que demain il fasse beau.

Demain…

Demain, Jack.

Jack…

Jack qui se lève aux aurores, obtient des marchés, déjeune en téléphonant (mais jamais quand il est avec Arielle), conduit en dictant des courriers, traverse la France de long en large et rentre tard.

Jack qui court du matin au soir.

Et Arielle, immobile dans la nuit à sa fenêtre.

« Arielle ?

— Oui ?

— On a gagné, un, zéro ! Tu viens ? On va fêter ça ! »

Maintenant elle le sait, elle s'était perdue un temps, mais elle avait toujours été du côté de Daniel, de Gérard de Nerval et du XV de France, du côté de Jack.

Mais comme elle n'a pas encore retrouvé le dissolvant dans la salle de bains, qu'elle ne sait pas encore comment tout effacer, elle répond :

« J'arrive. »

« Je rentrerai tard. »

Mathieu enfile son imper. Il a une journée chargée et compliquée, comme tous les jours certes, mais aujourd'hui tout particulièrement. Et elle qui ne bronche pas ? Pas un mot, pas un sourire, pas le moindre encouragement, le nez toujours à la fenêtre à chercher le mort dans le cerisier. Il pouvait rentrer à deux heures du matin, avoir des réunions à n'en plus finir, des problèmes postopératoires plus qu'emmerdants, elle s'en fichait complètement ! Essayer de résoudre les problèmes de Michèle, ça oui, ça l'intéressait. Mais lui ? Quel printemps, mais quel printemps de merde ! Et dire que des cons à la radio avaient annoncé un mois d'avril doux et ensoleillé. Mais quels cons !

« Merde ! »

Il a perdu un bouton ! Il va finir par arriver en retard à ses consultations avec tout ça. Il est où ce bouton ? Si les gens étaient assez stupides pour croire tout ce qu'on leur raconte à la radio… Mais lui, non, il ne se fera pas avoir ! Et ce bouton, bon sang, où est-ce qu'il est passé ? Et elle ?

Elle ne pourrait pas l'aider à chercher, non ? Ah ! Ça y est, il l'a trouvé. De toute façon il n'aurait pas lâché, il ne serait pas parti avant de l'avoir trouvé. Ça, lui, il ne lâche pas. Il ne lâchera pas ! Si elle ne l'a pas encore compris, l'autre à sa fenêtre, elle va finir par le comprendre. Lui, il n'abandonne jamais. Jamais !

Il range le bouton dans sa poche, Corinne saura, elle, redonner à son imperméable une allure de médecin convenable.

« Et toi ?

— Quoi ?

— Comment ça, quoi ? Tu ne me dis rien ! Tu as quelque chose de prévu aujourd'hui ?

— Non, rien.

— Arielle ? Regarde-moi, on dirait qu'il y a quelque chose qui ne va pas, tu restes là, sans rien dire, devant ta fenêtre… Et Michèle ?

— Quoi ?

— Je ne sais pas, tu as des nouvelles depuis le jour où elle t'a tenu la jambe jusqu'à une heure du matin ?

— Non.

— Tu vois ! Quand je te disais…

— Je vais l'appeler.

— Tu n'es pas obligée non plus, ce n'est pas toujours à toi de…

— Je ne me sens pas obligée. »

Elle a mordu. Elle quitte la fenêtre. Maintenant elle le regarde, maintenant elle va l'écouter.

« Ben si un peu. Si ce n'est pas toi qui fais le premier pas, ce n'est pas elle qui le fera.

— Elle m'appelle de temps en temps…

— De temps en temps ? Tu parles de ta meilleure amie ? Elle t'appelle de temps en temps, après ce qu'il vient de t'arriver ?

— Elle travaille, il y a Enrique, les enfants…

— Oui, c'est vrai qu'elle travaille, elle, elle n'a pas les moyens de…

— De ?

— De rester là à ne rien faire. Ouvre les yeux, Arielle ! Que tu ne voies pas la chance que tu as, c'est une chose, mais Michèle… Il n'y a que toi qui ne vois pas. Elle a toujours une bonne raison, une bonne raison pour annuler, reporter, tu ne peux pas lui faire confiance. Il y a que toi qui ne vois pas.

— Ce n'est pas vrai, quand j'ai besoin d'elle, elle… »

Un petit coup de pied sournois dans la poubelle. Mais qu'est-ce qu'elle chante ? Arielle n'a besoin que de lui.

Elle sursaute.

« Oui, quand j'ai besoin d'elle, elle est capable de tout lâcher. Elle ferait n'importe quoi pour moi !

— Bien sûr… Et on en a la preuve tous les jours, le téléphone sonne sans discontinuer !

— Oui, elle ferait n'importe quoi ! N'importe quoi, j'en suis sûre ! »

Ça y est, elle est prise. Elle tremble, le visage contracté par l'angoisse, la voix qui se perd dans les aigus. Mathieu la rattrape juste à temps, juste avant qu'elle ne bascule.

« Ce n'est pas la peine de crier… »

Lui, il est calme. Lui, il sait rester serein.

« Ce n'est pas grave, il suffit juste d'en avoir conscience. »

Il se permet même un air et un sourire paternels. Il peut tout se permettre.

« C'est fou ce que tu es fragile, quand même. Tu ne devrais pas te mettre dans cet état. Allez, calme-toi. »

Il a maintenant sa femme dans ses bras. Sous contrôle.

« Je suis là… »

Il cherche les seins sous le pull, il a bien le droit quand même, s'il n'avait pas été là, elle se serait égarée, et qui sait si un jour on pourra encore la rattraper.

Il lui glisse à l'oreille, un rien mielleux, un rien autoritaire :

« J'adore tes seins, tu sais comme j'adore tes seins. »

Elle se raidit. Les yeux, la bouche, la mâchoire. Elle a envie de lui cracher au visage. Il sent la rébellion dans le corps de sa femme, est-ce qu'il aurait perdu sa place ? Il faut qu'il la récupère. Il prend son visage entre ses mains, comme un père inspecterait celui de sa petite fille, comme celui qui sait assujettirait celle qui ne sait pas, comme un seigneur rappellerait à son sujet qu'il est toujours le seul possesseur de tout et de tous.

« Regarde-moi. Tu n'es pas comme d'habitude, il y a quelque chose d'autre ?

— Non…

— Tu es sûre ? On ne dirait pas.

— Non, il n'y a rien. »

Très bien, puisque décidément elle ne veut pas lui parler,

il ferme son imperméable et tant pis s'il manque un bouton. Il faut qu'il y aille, il a une journée de dingue qui l'attend.

Elle tire sur son pull-over, le remet en place, son corps à nouveau bien à elle.

Elle entend la porte du garage s'ouvrir. Se fermer.

Il est parti.

Laissant le doute s'installer.

Et si Michèle allait déserter, elle aussi ?

Quand elle avait voulu appeler quelqu'un…

Plus personne.

Plus personne autour d'elle, maintenant.

Pendant les premières années où ils avaient vécu ensemble, Arielle et Mathieu s'étaient amusés à mélanger leurs amis avec l'inventivité que l'on peut mettre à s'approprier une recette de cuisine. Ils avaient organisé des dîners, des fêtes, des vacances. Les amis d'Arielle et de Mathieu se croisaient avec curiosité et sans a priori.

Puis vint l'heure des enfants manqués. Mathieu ne serait jamais celui qu'il avait projeté de devenir, et Arielle ne ressemblerait pas à la femme qu'il avait projeté d'avoir. Il ne serait pas père. Elle ne serait pas mère.

Il commença à s'intéresser au vin. Il se constitua une cave. Se spécialisa dans les médocs. Se renseigna sur les meilleures années, il voulait boire en éclairé. Quand il n'avait pas de réunion le soir à la clinique, il débouchait une bonne bouteille et la comparait à celle(s) qu'il avait ouverte(s) la veille. Il levait son verre à l'événement du jour.

Plus les mois passaient, plus il trouvait de prétextes, d'événements à fêter, ou de sujets auxquels il pourrait réfléchir avec plus de discernement devant un verre de bordeaux. Il demandait à Arielle de l'accompagner, c'était une façon de se retrouver, et il fallait qu'un homme et une femme, et plus encore un mari et sa femme, se retrouvent à un moment de la journée. Au bout de deux verres, il théorisait sur la politique ou sur la société, et au bout de cinq s'attaquait à son sujet de prédilection : Arielle. Arielle en général, Arielle et ses activités picturales en particulier. Il fallait bien qu'elle comprenne, qu'elle se rende compte…

« Arielle, tu m'écoutes ? »

Qu'elle réalise que le milieu dans lequel elle évoluait n'avait rien d'exceptionnel, il ressemblait à tous les milieux professionnels. Pas plus intéressant. Les mêmes mécanismes. Un microcosme fermé sur lui-même. Tout le monde se connaissait et avait la même ambition : restaurer de grands tableaux, un Léonard de Vinci par exemple. Mais il y avait peu d'élus, donc tout le monde se jalousait, et on ne pouvait faire confiance à personne.

Elle ne jalousait personne.

« Ne me dis pas que tu n'aimerais pas restaurer un Léonard de Vinci ?

— Si, bien sûr…

— Ah, quand même, tu as un peu d'ambition ! Mais si on ne te le propose pas…, et on ne te le proposera probablement jamais, tu sais pourquoi ?

— Non…

— Arielle… Réfléchis ! Pourquoi on te propose toujours

le même genre de tableaux ? Des pommes ou des poires sur une assiette, pas de quoi casser trois pattes à un canard ! Réfléchis un peu.

— Enfin, en ce moment, je travaille sur un Lippi, une Vierge… Elle n'a rien d'un canard.

— Tu travailles sur un tableau d'un élève de Lippi, ce n'est pas tout à fait pareil.

— Je dis ça pour situer… l'époque… Et puis il est possible que Lippi ait commencé à peindre… »

C'est ça, elle enjolivait, elle embrouillait, elle était comme les autres. Elle mentait. Et elle savait pourquoi ? Pour se faire mousser. Et on ne pouvait pas lui en vouloir, elle était comme tout le monde. Il fallait reconnaître que ça devait être plus passionnant de travailler sur une toile de Lippi, si évidemment on travaillait sur une vraie toile de Lippi, que sur des poireaux ou un troupeau de vaches peints par un anonyme.

Et chaque fois elle mordait.

Et chaque fois il tirait le fil, cousait, tissait le piège.

Et chaque fois elle se laissait prendre.

« D'ailleurs, je ne vois pas comment tu peux dire le contraire, vu l'état dans lequel tu te mets depuis que cette toile prétendument de Lippi est arrivée dans ton atelier. »

Il était temps qu'elle comprenne. Il était étonné de son manque de maturité, de recul. Depuis toutes ces d'années qu'elle baignait dans ce milieu, comment ne voyait-elle pas que les autres, ses amis entre guillemets, n'avaient qu'une seule ambition ? Se bouffer les uns les autres. Eux, ils avaient bien compris qu'il n'y avait pas de place pour tout le monde.

Un jour, il en est sûr, elle comprendra elle aussi, elle verra. Un jour elle viendra lui dire qu'il avait raison. D'ailleurs si elle réfléchissait un peu, si elle ouvrait les yeux pour une fois, elle constaterait par elle-même que ses soi-disant amis avaient changé depuis qu'elle était en charge de ce tableau de Lippi.

« Non. »

Décidément, elle n'était pas observatrice.

« Interroge-toi, regarde-les. Tu verras que, comme par hasard, ils s'intéressent beaucoup plus à toi, à ton travail, depuis que tu as ce tableau, beaucoup plus que lorsque tu n'avais que des anonymes à rafistoler.

— Restaurer.

— Oui, on ne va pas jouer sur les mots, rafistoler, restaurer, c'est pareil. »

Il passait ainsi des heures, un verre de vin à la main, à lui démontrer que lui avait de vrais amis, comme Philippe et Nathalie par exemple, des amis fiables (qu'il pouvait même battre régulièrement au tennis sans qu'il y ait le moindre problème entre eux, ce qui était un gage indéniable de liens solides), des amis sur lesquels il pouvait compter, qu'il connaissait depuis l'enfance ou l'adolescence, et qu'elle, contrairement à lui, n'avait que des relations amicales fragiles, parce que essentiellement issues de fréquentations de travail, de boutique, comme il disait.

Peu à peu Arielle s'épuisa, lassée de ces discussions sans fin, lassée de devoir se justifier encore et toujours. Elle ne trouvait d'ailleurs plus de justification à rien, chaque point étant soigneusement démonté.

Peu à peu elle baissa les bras : elle laissa tomber Marion, Isis et Mathias, Koffi et Irène, Pauline et Sally.

Laissa tomber ses pinceaux.

Ne vit plus personne.

Et alors qu'elle ne touchait plus à un seul de ses pinceaux, qu'elle ne voyait plus personne, Mathieu trouva de nouveaux arguments pour consolider le tout :

« Tu vois ce que je te disais… Depuis que tu ne travailles plus, tu ne les intéresses plus.

— Mais…

— Mais quoi ? Qui vient à la maison ? Dis-moi, qui ? »

Personne en effet.

Était restée Michèle, parce que Michèle était Michèle, une irréductible. Elle ne s'était lassée ni des silences d'Arielle, ni de son manque de discernement, ni depuis quatre mois de ses larmes et de son chagrin qui n'en finissait pas. En amitié, Michèle était infatigable.

Mais le resterait-elle ?

Était resté Daniel aussi, bien sûr. Incontournable. Indétrônable. Difficile de lutter contre presque quarante ans de complicité. Cela n'avait pas découragé Mathieu, au contraire ; plus le but à atteindre était difficile, plus il se dépassait, et plus il se sentait fort une fois la victoire emportée. Il était donc parti en guerre, à la conquête d'Arielle, à l'assaut de la citadelle imprenable.

Lorsque Daniel venait dîner ou déjeuner chez eux, parce que dorénavant tout devait se passer chez eux, c'était plus facile à contrôler, Mathieu traquait le moindre signe de connivence entre le frère et la sœur. Et lorsque Daniel, pour une raison ou pour une autre, renonçait à ce rendez-vous hebdomadaire, Mathieu fouillait dans les mails à la recherche de mots complices et tendres. Et quand il les trouvait, il demandait des comptes : pourquoi tant à lui, et pas à moi ? Arielle se justifiait, et encore une fois s'épuisait.

Elle avait fini par demander à Daniel de ne plus lui écrire et de ne pas s'étonner si elle ne lui envoyait plus rien. Mathieu lisait et ne supportait pas ce qu'il lisait : une correspondance infiniment douce entre eux.

Cela avait été leur dernier sujet de conversation.

Un dimanche, il était venu déjeuner, il avait profité de l'absence de Mathieu, un accouchement en urgence, et il l'avait mise en garde. Que Mathieu se permette de fouiller dans ses affaires, son ordinateur, de la surveiller en permanence était inacceptable. Lui ne l'accepterait jamais de qui que ce soit. Même de ta femme ? Même de ma femme.

Et il était parti sans revoir Mathieu. Il préférait.

Depuis qu'il n'était plus là, les arguments de Mathieu pouvaient se faire plus implacables encore. Sur qui pouvait-elle vraiment compter maintenant ? Qui était à l'enterrement de Daniel par exemple ? Les amis de Daniel, bien sûr, c'est vrai que lui en avait beaucoup, et des vrais visiblement, il n'avait donc pas qu'Arielle autour de lui. Mathieu avait été surpris d'ailleurs, elle n'avait pas été surprise ? Non ? C'est vrai qu'elle n'est pas très observatrice. Il y avait aussi ses amis à lui, Philippe et Nathalie, mais aucun de ceux d'Arielle. À part Michèle évidemment qui, comme chacun sait, un jour est là et l'autre pas.

« Tu te rends compte, au moment où tu en avais le plus besoin, il n'y avait personne. »

Le portable d'Arielle vibre sur la table de cuisine.

Dix-huit heures, métro Pigalle. C'est possible ?

Bien sûr que c'est possible.

Elle envoie un message à Mathieu. Sur la route du mensonge, elle commence à trouver son propre chemin :

Michèle m'a appelée. Je vais prendre un verre avec elle ce soir à six heures.

La réponse de Mathieu arrive immédiate :

J'espère qu'il n'y aura pas d'embouteillages sur le périphérique !

C'est un avertissement, elle le sait.

Comme à chaque rendez-vous, Jack est arrivé le premier. Elle le voit tout de suite. Ce doit être le seul Parisien à avoir le sourire. On dirait un personnage de Folon, tout en longueur et de guingois. Elle n'aurait pas été surprise qu'il lui prenne la main et qu'ils s'envolent ensemble au-dessus des toits de la rue des Martyrs. Vrrrrrrr… Vrrrrrrr…

Un jour, ils voleraient ensemble.

Un jour, ils partiraient ensemble…

« Mademoiselle Arielle ! »

Elle redescend sur terre. Fin des programmes.

Un homme, la chevelure blanche et longue, laisse en catastrophe son vélo contre un mur et se précipite vers elle.

« Mademoiselle Arielle ! »

Elle le reconnaît tout de suite.

« Monsieur Bignon… »

Elle est ennuyée.

Il est essoufflé. Mais il parle vite, il a beaucoup de choses à dire et peut-être pas beaucoup encore à vivre. Il s'est inquiété, il lui a laissé au moins vingt messages. Elle ne peut pas le laisser comme ça, sans nouvelles depuis au moins deux ans.

Elle est désolée.

Et son trumeau ? Un trumeau du XVIIIe ! Qui est en train de dépérir dans un coin du salon, et M. Bignon avec. La Madone, elle, en revanche, se porte bien, très bien, Arielle avait fait un travail magnifique, vraiment, mais le trumeau… Elle lui avait pourtant promis de s'en occuper. Ce ciel… Ce ciel qui devenait tout noir, sombre, déprimant, et M. Bignon était vieux, et de voir ce ciel dans ce trumeau s'assombrir tous les jours un peu plus, ça lui faisait penser à… à la mort.

Elle est désolée, vraiment.

Jack s'approche de la conversation.

M. Bignon se tourne vers lui.

« Votre femme… Elle a fait un travail remarquable sur ma Madone, vous verriez ça, elle lui a redonné la vie. Mais franchement, vous devriez lui dire de répondre au téléphone. Si j'étais son mari…

— Monsieur Bignon…

— Vous savez, mademoiselle Arielle, il n'y a pas que le ciel. »

Il se faisait vieux, l'âge sans doute assombrissait tout. Mais il y avait aussi cette femme dans le trumeau, une femme qui se penche pour prendre de l'eau à la rivière, et c'est pour elle qu'il se faisait le plus de souci. On ne la voyait presque plus. Presque effacée. On n'avait pas le droit de la laisser comme ça.

Il se tourne vers Jack.

« N'est-ce pas, monsieur ? On n'a pas le droit de laisser une femme disparaître comme ça ?

— Je suis désolée, monsieur Bignon, j'ai eu un problème avec mon atelier, une inondation... Et le temps que les experts fassent leur travail, que je récupère le matériel... »

M. Bignon veut bien entendre, d'accord. Il lui laisse une semaine, pas plus, il a la patience de son âge. Et puis il l'appellera. Il veut voir cette femme prendre à nouveau de l'eau à la rivière, la revoir vivante, parce qu'il est peut-être vieux, mais il n'est pas con.

« Excusez-moi, mademoiselle Arielle, au bout d'un moment, je suis direct mais c'est comme ça. »

Et puis une fois qu'Arielle se sera occupée de la femme dans son trumeau, elle aura d'autres commandes, il a parlé d'elle à tous ses voisins. Celui du quatrième dont le grand-père s'écaille dans son cadre depuis oh... presque trente ans. Un grand-père admirable, boulanger, qui a fait faillite à force de faire crédit. Oui, mademoiselle Arielle, il y a des gens... Des gens bien sur cette terre. Et puis, il y a celui de l'immeuble d'en face, ils sont toute une bande de vieux dans le quartier à s'emmerder, alors ils se parlent de leurs vieilleries, et ils y tiennent à leurs vieilleries, c'est même peut-être ça qui les fait tenir, les souvenirs. Et celui de l'immeuble d'en face aimerait retrouver le nez d'un petit chien qu'il a perdu dans une partie de foot avec son petit-fils. Au lieu d'envoyer le ballon au petit-fils, il l'a envoyé au petit chien. Résultat, le tableau a un trou et le petit chien n'a plus son nez. Et comme le tableau appartenait à sa femme, et que sa femme est morte, et qu'il est toujours amoureux de sa femme, celui de l'immeuble d'en face aimerait bien récupérer le petit chien tout entier. M. Bignon a aussi une voisine, parce qu'il n'a rien contre les dames, bien au contraire, qui elle a perdu le sang du Christ dans un triptyque. Ce n'est pas que M. Bignon soit porté sur la religion mais cette dame…

« Écoutez, monsieur Bignon, pour l'instant… »

Il comprend, elle a sans doute autre chose à faire. Pour l'instant. Mais plus tard… Il l'appelle la semaine prochaine, autant la prévenir, il ne laissera pas tomber.

Puis il ose un baiser sur sa joue et :

« Vous êtes toujours aussi ravissante, répondez au téléphone. »

Il récupère son vélo, et les deux mains sur le guidon, le dos courbé par la rue qui monte à pic, le pousse jusqu'au Sacré-Cœur. Le chemin est long, âpre quelquefois, mais, non, il ne laissera pas tomber.

Arielle le regarde partir. On dirait qu'elle s'en va avec lui.

Jack la récupère avant qu'elle ne soit trop loin.

« Alors mademoiselle Arielle…

— Je l'aime bien.

— Lui aussi visiblement ! Mais attention, monsieur Bignon, monsieur Kowalsky est là, qui veille et surveille ! »

Il prend son visage et, comme chaque fois, écarte les mèches de cheveux qui l'encombrent. Il les aplatit consciencieusement, avec application, comme on repasse une serviette qui n'en finit pas de rester dans ses plis. Il ne veut plus aucun obstacle entre lui et chaque expression de ce visage. Elle le laisse faire, consciente de renoncer ainsi à tout semblant de coiffure, parce que rien n'égale, à ce moment-là, la douceur de cette attention particulière. Elle peut être laide, elle s'en fiche.

Maintenant il veut savoir. Pourquoi ne répond-elle pas au téléphone ? Pourquoi refuse-t-elle de restaurer ce tableau ? Elle pouvait raconter son histoire d'inondation à M. Bignon et à tout le quartier si elle voulait, peut-être qu'ils étaient tous aveuglés par son charme, mais lui, Jack, ne la croit pas. Pas une seconde.

« Alors, pourquoi ? »

Il passe et repasse sa main dans les cheveux, cherche dans les yeux, peut-être qu'eux lui diront.

« Ah, ces yeux… Qu'est-ce qu'ils pensent ? Dis-moi… Qu'est-ce qu'ils pensent ?

— Rien… rien de spécial.

— Tu ne veux pas me dire ?

— Mais je n'ai rien à dire. »

Ce n'est pas le moment. Il lui faudrait du temps. Vingt-quatre heures au moins au creux de son attention.

Du courage aussi, pour expliquer.

Ce renoncement.

Cette absence.

Elle fouille dans son sac, cherche son paquet de cigarettes.

« Donc tu ne veux pas me dire ?

— Pas aujourd'hui, non, ce n'est pas le moment.

— Tu me diras plus tard ?

— Oui. »

Rassuré, il se met plus près d'elle, au plus près, entreprend de s'installer à l'intérieur de ses vêtements à la recherche de son corps.

Dans le sac d'Arielle, c'est le désordre, la confusion. Comment parler de la mise à mort d'un amour à cet homme magnifique ? Comment parler de la laideur devant la beauté ? Comment expliquer sa fragilité, son insuffisance et sa lâcheté, alors qu'elle voudrait qu'il la voie grande et forte ? Impossible, pas le moment. Pas de paquet de cigarettes non plus dans le sac, juste cette phrase imbécile :

« On ne pense jamais aux épines quand on achète un rosier. »

Inutile de noyer le poisson, Jack n'est pas dupe. Puisqu'elle ne veut rien lui expliquer, peut-elle au moins lui dire le plaisir qu'ont les femmes à s'encombrer de sacs aussi grands ? Visiblement, on ne trouve jamais rien là-dedans.

Peut-être pour attirer les hommes à l'intérieur ?

Lui c'est plutôt à l'intérieur de cet hôtel, au coin de la rue, qu'il a envie qu'elle l'attire. Il la serre contre lui, la taille bien à l'intérieur de ses mains, qu'elle comprenne que ce n'est pas un caprice, mais un désir violent et puissant.

« Tu veux bien ? Tu veux bien m'y attirer ? »

Le portable d'Arielle sonne. C'est Mathieu.

Elle répond, il est capable de l'appeler vingt fois si elle ne répond pas.

Il veut savoir où elle est.

« Dans le neuvième.

— Où ?

— Dans un café…

— Comment il s'appelle ce café ? »

Le bip de Mathieu sonne. On l'appelle au bloc.

« Bon, il faut que j'y aille, je t'aime. »

Un blanc.

« Et toi ?

— Moi aussi.

— Alors pourquoi tu ne me le dis pas ? Ça te gêne ? Pourquoi ça te gêne de le dire devant Michèle ?

— Il n'y a pas qu'elle…

— Il y a qui ? Arielle ? Il y a qui d'autre ? »

Le bip sonne à nouveau. L'anesthésie est posée, le badigeon fait, les champs installés, on n'attend plus que lui pour la césarienne.

« Il faut que j'y aille, je serai là à huit heures.

— Tu m'as dit que tu avais une réunion…

— Eh ben, ça a changé, à tout à l'heure. »

Sous-entendu tu as intérêt à être là quand je rentrerai.

Il raccroche. Elle peut raccrocher.

« C'était Mathieu…

— J'ai cru comprendre, oui… Alors ?

— Il voulait savoir où j'étais exactement. Avec qui. Quelquefois il me demande même comment je suis habillée. Ce que je porte en dessous.

— Ah… Mais pour l'hôtel ? Tu veux bien ? »

L'hôtel ? Quel hôtel ?

Si elle trouvait une cigarette…

« On y va ?

— Non, excuse-moi… je… Ce coup de téléphone, ça m'a… »

Il est déçu mais il comprend. Il peut faire ça. Comprendre qu'après avoir eu son mari au téléphone elle ne puisse pas se donner entièrement à lui. En revanche, il ne pose aucune question sur la nature de la conversation, il passe à autre chose. Puisque pas d'hôtel, ils peuvent aller boire un verre ? Peut-être qu'une fois en face de lui, à la faveur d'un petit blanc ou d'une coupe de champagne, elle lui dirait ce qu'il y a au fond de ses yeux.

« Dix-neuf heures trente, c'est une heure convenable pour aller boire un verre, non ?

— Dix-neuf heures trente ? »

L'heure était passée en un quart d'heure.

« Il faut que j'y aille…

— Déjà ? Embrasse-moi, embrasse-moi, embrasse-moi. »

Et elle le fait. Elle le ferait longtemps, longtemps, longtemps, toute la nuit, si elle pouvait.

Mais il faut qu'elle rentre si elle ne veut pas d'interrogatoire serré, au couteau. La lame qui vous effleure, qui se retire, puis revient douceâtre prête à s'enfoncer. La lame qui questionne, nargue, humilie jusqu'à ce qu'on supplie en silence que ça cesse, qu'on cherche à se réfugier sans trouver, et qu'en toute fin on abandonne son corps pour avoir la paix. Elle n'a pas le courage. Plus tard, mais aujourd'hui, non, elle n'a pas la force.

Avant de descendre dans le métro, elle se retourne pour s'assurer que Jack existe vraiment.

Oui, il existe vraiment.

Il lui sourit, comme toujours, comme pour toujours.

Sur le quai, on la bouscule. Un coquelicot sur un quai de métro.

Impossible d'entrer dans le wagon. Même en poussant l'autre devant soi, en poussant fort, plus fort encore, on reste à quai. Il n'y a plus qu'à attendre le suivant. Mais attendre le suivant, puis le suivant encore, c'est autant de retard devant Mathieu.

Deux métros plus tard, compressée entre ceux qui finissent de travailler toujours plus tard que les autres et ceux qui commencent à travailler toujours plus tôt que les autres, dans cet air qui sent la fatigue, l'injustice et la colère, au milieu de ces hommes et de ces femmes épuisés et éteints, qui lorsqu'ils se parlent ne parlent que de cette pétition qu'on dit traîner dans l'air, vous savez comment on l'appelle cette ligne, messieurs dames ? On l'appelle la bétaillère, la bétaillère, messieurs dames ! Elle sourit, elle pense à Jack.

L'ardeur du coquelicot dans un wagon de métro.

Jack, qui existe pour elle, rien que pour elle.

Et en sortant du métro, elle doit être la seule, mais elle sourit encore, elle sourit toujours.

Aux terrasses des cafés, dans la ville de banlieue où elle habite, il n'y a que des hommes. Mathieu n'avait pas été peu fier de dégoter cette maison, dans une banlieue non encore investie par les gens de son milieu. Pas un de ses amis, pas même Benoît, n'avait encore passé le périphérique. Lui l'avait fait. En matière immobilière comme en gynécologie obstétrique, il était à la pointe. Ça lui plaisait.

Les hommes sirotent leur p'tit crème, ou leur thé à la menthe, ils fument leur clope, pendant que leurs femmes couchent les gosses ou rangent les restes du repas. Que des hommes, qui regardent d'autres femmes que la leur passer. Plus la jupe est courte, le décolleté généreux et le pantalon moulant, plus les femmes qui passent les intéressent. Ils se font du coude, du pied, jaugent, évaluent, commentent. Pendant ce temps, leurs femmes parlent de choses de femmes : des enfants, du loyer, des allocs, de la santé, des problèmes de voisinage et du pouvoir d'achat. Elles rêvent de vacances, d'ici deux ou trois ans elles partiront au bled voir la famille, inch'Allah.

Arielle passe devant eux, légère, elle sourit, elle pense à Jack.

Un homme, assis parmi les autres à la terrasse du café, se lève et, le plus naturellement du monde, lui demande :

« On baise ? »

Il a la vingtaine arrogante et bête. Satisfait et droit sur le trottoir, sous le regard approbateur de ses copains restés le cul vissé sur leur chaise, trop lâches pour suivre la conversation de plus près, il attend en souriant la réponse d'Arielle. Il imagine sans doute qu'elle va lui répondre :

Quelle bonne idée, justement je ne savais pas quoi faire, ça va m'occuper !

Mais puisque, comme en n'importe quelle circonstance maintenant, Arielle ne pense qu'à Jack, elle répond :

« *Glad to meet you, you know where is the shabby man ?* »

L'homme se trouble, quitte sa frime, change de tête et de ton.

« Désolé m'dame, j'parle pas anglais. »

Et la queue basse, même s'il essaie de la garder haute devant les copains, il prend les autres à témoin, j'ai le ballon et je fais la passe, démerdez-vous ! Il claironne :

« Hé Kevin, tu parles anglais, toi ? La dame, elle a besoin d'un renseignement ! »

Alors Kevin répond que non, que c'est trop loin l'Angleterre, trop cher, que c'est pas pour lui, il a qu'à se démerder avec son ballon, il aime bien regarder le foot mais pas courir.

« On est désolés, m'dame, on parle pas anglais. »

Elle reprend son chemin, chez elle, c'est la première à droite.

Dans son dos, elle entend :

« *Fuck*, elle était bien gaulée la gonzesse ! »

Et l'autre qui répond :

« Ben qu'est-ce que tu nous fais chier, tu vois bien que tu parles anglais ! »

Arielle ne se retourne pas, elle ne saura jamais qui de Kevin ou de l'autre a le sens de l'humour. Et même si ce genre de plaisanterie ne la fait pas rire, elle sourit toujours, parce qu'elle pense à Jack.

Jack, *the shabby man.*

L'homme dont la simple existence l'a aidée à sortir victorieuse de cette situation nauséabonde.

Un homme comme ça ne pouvait pas être un minable.

Un homme comme ça pouvait la sauver.

Un homme comme ça lui ferait oublier. Tout. Même la mort.

Un homme comme ça…

Un homme comme ça ne lui ferait jamais de mal.

« Arielle ! »

Mathieu est déjà là, à l'attendre.

Elle s'enferme dans les toilettes, envoie un sms à Jack :

Tu sais que tu viens de me sauver la vie.

Je suis un héros, alors ?

Oui, le mien ! Ton train est à quelle heure, demain ?

Dix-huit heures. Mais je n'ai pas une minute de la journée.

« Arielle, tu viens ? Qu'est-ce que tu fais ? »

Mathieu a débouché un Château Margaux. Il aimerait qu'elle lui donne son avis. Ou plutôt il lui donnera le sien, déballera tout son savoir sur la délicatesse de ce vin, sa robe fine et élégante, son arôme de fruits rouges, d'épices et de vanille.

Mais surtout il veut qu'elle lui dise.

« Quoi ?

— Tout. »

Puisqu'elle n'était pas seule avec Michèle, avec qui était-elle ?

« Enrique et une amie à lui. »

Comment elle s'appelle ? Quel âge a-t-elle ? Comment est-elle ? Elle n'a pas de métier ? Elle est libre comme l'air ? Elle n'a pas d'enfants ? Arielle avait l'air tellement gênée au téléphone, c'est bizarre. Qu'est-ce qu'ils ont fait ?

Ils ont bu un verre et discuté, c'est tout.

Et puis ? Elle ne raconte rien. Et puis ?

C'est drôle, enfin il rit jaune, avec lui elle ne discute jamais.

« Mais si… »

Voilà, elle ne s'en rend même pas compte. On dirait que ça ne l'intéresse pas de discuter avec lui, que d'ailleurs plus rien ne l'intéresse avec lui, qu'avec lui elle n'a envie de rien.

Arielle reste muette devant son verre de Château Margaux.

La preuve, elle n'est même pas fichue de lui dire le contraire !

« Regarde-moi, Arielle. »

Il se lève, la prend par le bras.

« Regarde-moi, merde ! »

Elle détourne la tête.

Il la balance sur le canapé.

« Maintenant tu vas me regarder ! »

Elle ne peut plus bouger, il la maintient sous lui. C'est facile, elle est si fragile, si légère, on peut faire d'elle ce qu'on veut.

Et il va le faire.

Il enlève les chaussures, le jean. La culotte.

Un temps, il ne sait par où commencer, ébloui par la blancheur de ce corps sur le canapé.

À l'endroit de la ceinture, le pantalon a laissé sur la hanche une trace fine. Une veine minuscule bat.

Elle se recroqueville. En boule bien serrée sur le côté. La tête dans les poings.

Qui appeler ?

Mon Dieu, qui appeler ?

Les fleurs rouges sur les rideaux s'assombrissent et se brouillent. Elle voudrait mourir, rejoindre la boîte au fond du jardin entre les deux poules, le coq et la tortue.

Et puis il se décide, la déplie, qu'elle le regarde maintenant, merde ! Il prend sa main, la pose sur son sexe, qu'elle sente tout l'effet qu'elle lui fait, qu'elle sente ce désir qu'il met tant de force à contenir, qu'elle comprenne que ce soir il ne le contiendra plus et qu'il lui montrera, à elle sa femme, ce à quoi il a droit. Il ouvre sa braguette et, puisqu'il n'y a plus aucune discussion possible entre eux, il va directement là où il a envie.

Il a fini.

C'était si facile.

Elle pleure.

Il caresse les cheveux, il a toujours aimé les cheveux de sa femme, épais, foisonnants, ces cheveux qui prennent toute la largeur de la main.

Caresse le dos, comme on félicite un bon chien qui a sagement accompli le tour qu'on lui a appris, ce dos qui craque au moindre petit poids de la vie. Il a toujours suffi d'une allumette pour réveiller le feu de la lombalgie.

Un de ses confrères rhumatologue, chez qui il l'avait

envoyée plusieurs fois, lui avait décrit la pathologie d'Arielle avec une lumière dans les yeux, comme si posséder une femme si fragile pouvait générer une jouissance infinie.

Il se retire.

« Tu devrais aller dormir. Quand tu es fragile comme ça, c'est que tu es fatiguée. Prends un comprimé et va te coucher, je te rejoins. »

Dix-sept heures, le lendemain, elle court.

Loin.

Elle va le voir. Ne serait-ce que cinq minutes, mais elle va le voir.

Elle court dans le métro. Au bas de l'escalier, la mendiante, prostrée, tend la main :

« Bonjour, madame, ça va ? »

Elle a de moins en moins de dents et celles qui restent sont toutes noires.

Arielle ne répond pas, elle court.

Elle court dans les couloirs, passe devant un homme à genoux, un carton à ses pieds, *Aidez-moi, j'ai faim*.

Arielle ne s'arrête pas, elle court.

Bientôt elle sera près de lui.

Le bonheur.

Elle y croit dur comme fer au bonheur, aujourd'hui.

Elle y croit à ces matins ensoleillés, où toute une famille irréprochable, chemise claire et cheveux blonds, sans aucune trace d'inquiétude pour la journée qui commence ou la mauvaise nuit qui s'achève, boit un bol de café en souriant.

Elle y croit à ces matins où l'on attrape de justesse un bus en virevoltant dans une robe blanche immaculée.

Elle y croit à ces journées où l'on obtient un crédit de son banquier en chantant avec lui un succès des années quatre-vingt.

Elle y croit.

Elle est devenue bête. Prête à tout, tout croire, tout vivre.

Elle allait s'effondrer, et elle est à nouveau vivante, plus forte que le chagrin et la douleur, plus forte que la violence.

Parce que Jack.

La gare de Lyon est bondée de ceux qui se retrouvent et de ceux qui se séparent.

Elle envoie un sms à Jack :

Tu es seul ?

Terriblement, puisque tu n'es pas là.

Je suis là !

Ce n'est pas vrai ?

Si !

Je peux te voir ?

Oui !!! Quai 9, voiture 12.

Elle l'aperçoit de loin sur le quai, lui et son long corps de guingois, un énorme sac en bandoulière sur l'épaule. On dirait un grand adolescent qui part en colonie de vacances. Dès qu'il la voit, il pose son sac, tend ses bras vers elle, comme font les parents avec leur petit enfant quand ils lui apprennent à marcher :

droit,

droit devant,

droit devant moi, Jack.

Elle ne marche pas, elle court, court vers lui.

Et quand il l'accueille enfin dans ses bras, pendant quelques secondes, ensemble, serrés, ils partent loin. Très loin. Là où aucun train, aucun avion ne pourrait jamais les emmener.

« On ne m'a jamais… jamais fait ça !

— Quoi ?

— Ce que tu viens de faire, venir, comme ça.

— Je ne pouvais pas te laisser partir sans te voir un peu. Je ne pouvais pas. »

Deux retardataires essoufflés les bousculent.

Le contrôleur annonce le départ du Paris-Marseille.

Jack hisse son sac dans le wagon. Il part faire de l'escalade dans les Calanques, avec une bande de vieux copains, des Anglais, des Français, ils se sont tous connus en pension, celle des jésuites.

Elle regarde le train partir.

Pour elle, Marseille c'est aussi loin que la Nouvelle-Zélande.

Malgré les efforts du soleil pour réchauffer ce tout début de mois de mai, le samedi passe glacé.

En milieu de journée, à bout de patience, l'absence est trop violente, elle envoie un sms :

Quand tu seras tout en haut, si tu vois une pierre, un arbre ou un oiseau, s'il te plaît demande-lui de me venir en aide.

Puis une heure plus tard :

Ne dérange ni la pierre, ni l'arbre, ni l'oiseau, j'ai enfilé un manteau, je sors.

Puis trois heures plus tard :

J'ai acheté une robe parce que je pensais à toi. En rentrant j'ai failli me faire renverser par une voiture parce que je pensais à toi. Et ce soir j'irai dîner pas très loin de chez toi. Je penserai encore et toujours à toi !

Un ballon claque dans le jardin d'à côté. Les voisins ont organisé l'anniversaire de leur petit garçon. Un enfant pleure, il est tombé.

Et si Jack dérapait et tombait lui aussi ? Si l'un de ses copains avait un malaise tout à coup et lâchait toute la cordée ? Une seconde d'inattention et il pouvait lui arriver un accident terrible.

La porte de la chambre s'ouvre, Mathieu entre. Arielle sursaute.

« Je te fais peur maintenant ? Qu'est-ce que tu fais ?

— Je pensais…

— À quoi ?

— À rien…

— À rien ? »

Ça n'existe pas de penser à rien. On pense forcément toujours à quelque chose.

« Et là, là tout de suite, tu penses à quoi ?

— Je ne sais pas, rien de spécial… »

Très bien, encore une fois, elle ne veut pas lui parler.

« Tu es prête ? »

Il préférerait qu'elle ne reste pas comme ça, qu'elle fasse

un effort, elle pouvait faire un effort pour lui quand même ? Qu'elle mette une robe, quelque chose de plus… Qu'elle se fasse belle. Elle se souvient qu'il aime quand elle se fait belle ?

Il s'avance vers elle, un genou sur le lit.

« Tu es ma femme, c'est normal que j'en profite, non ? Tu sais que j'aime ça, en profiter. »

Il se penche pour l'embrasser, et peut-être même, il a bien un quart d'heure pour ça, mettre en pratique ce qu'il vient de dire, mais elle esquive le geste et se lève.

Décidément, de mieux en mieux ! Il ne peut même plus la toucher, l'embrasser, à croire qu'il la dégoûte. Il la dégoûte, c'est ça ? Et tous ces gosses qui crient dans le jardin d'à côté, ce petit avec son anniversaire ! C'est sûr que ce n'est pas à eux que ça arriverait ! Ils ne risquaient pas, eux, d'entendre des gamins crier dans la maison. Mais qu'elle se dépêche au lieu de le regarder comme ça, sans rien dire, les bras ballants ! Qu'elle s'active, s'habille, il n'a aucune envie d'être en retard.

Et il sort en claquant la porte.

« Je t'attends en bas ! »

Elle enfile une robe, pas celle qu'elle a achetée cet après-midi, non, celle-là c'est celle de Jack. Elle en a pris une autre, au hasard, une ancienne, qui fera illusion, comme elle.

Un trait épais de crayon noir sur ses yeux pour qu'ils ne soient pas exacts.

Du rouge à lèvres pour que son sourire ne soit pas le sien. Pas le vrai.

Ce ne sera pas elle à ce dîner.

Son téléphone vibre sur le lit. C'est Jack.

C'est magnifique ici, un jour je t'y emmènerai !

Moi, un jour, j'organiserai une fête, et tu seras mon seul invité.

Oh oui, oui, oui !

Un jour, je danserai pour toi. TOI seul.

Je vais adorer !

Et il n'y aura plus de poussière.

Tu fais le ménage ?

Un peu… Et pour me donner du courage, je me souviens du premier mot que tu prononces quand tu réponds au téléphone, de ton regard quand tu m'embrasses, de ce qui te fait rire, de la première fois où nous avons fait l'amour. Zut ! Je ne me souviens plus, un trou noir ! Il faudrait que l'on recommence.

Oui, plein de fois ! Plein !

Oh, qu'il revienne, là tout de suite ! Qu'il soit tout contre elle ! Qu'il cherche tout ce qu'il veut dans son visage, dans ses yeux, dans son corps ! Elle lui donnera tout. Tout. Elle promet, tout !

« Arielle !!! Je t'attends ! »

Elle boutonne sa robe.

Laisse son portable sur le lit. Lui non plus n'ira pas au dîner.

Plus qu'un jour, et ce week-end exécrable sera enfin terminé.

Jack est à nouveau à Paris. Si elle veut, maintenant elle peut le voir. Et elle le veut.

Je peux t'appeler ?

Oui!

« Mademoiselle Arielle ! Quel plaisir… »

Il lui demande de patienter quelques secondes, le temps d'envoyer sa secrétaire, la Stéphanie en jupe noire et bas résille, fumer une cigarette sur le trottoir.

« Alors, mademoiselle, que me vaut l'honneur d'entendre votre voix ? J'adore ta voix, tu sais, j'adore t'entendre comme ça au téléphone. »

Et tout à coup elle comprend. Ce n'est pas parce qu'elle veut le voir qu'elle peut le voir ; il travaille, il n'a sans doute pas une minute pour elle, leur temps, leurs disponibilités sont différentes.

« Je suis désolé, Arielle, j'ai des rendez-vous toute la journée. Je ne peux pas te voir aujourd'hui. »

Il a donc deviné.

« Et pourtant ce n'est pas l'envie qui m'en manque. »

Lui aussi aurait voulu plus, encore plus. Qu'est-ce qu'elle allait faire par exemple pour les vacances en juillet et août ?

Et ça lui revient. Elle avait mis ça de côté, mais maintenant qu'il lui pose la question elle est bien obligée de se souvenir, elle doit aller au Vietnam, accompagner Mathieu à un congrès.

« Au Vietnam ? Mais c'est très loin ! Trop loin ! Combien de temps, combien de temps tu vas partir ? »

Elle ne sait pas. Ne sait plus, depuis que… Et elle n'arrive pas à…

Un temps au téléphone.

La secrétaire va bientôt revenir, il faut aller vite, penser à aujourd'hui, demain, après-demain. Tiens, à propos, il ne sait pas si elle pourra mais, mercredi, il doit aller à Rouen, est-ce qu'elle veut l'accompagner ?

Si elle veut ? Bien sûr qu'elle veut.

Il passera la prendre à neuf heures au même endroit que d'habitude. Cette fois, Stéphanie a fini sa cigarette, il faut qu'il se remette au travail.

« Je t'embrasse tendrement, à mercredi.

— Oui, je t'embrasse aussi. »

Elle va partir avec lui ! Il lui aurait proposé Bali, le Népal ou les chutes du Niagara, elle n'aurait pas été plus heureuse, folle, impatiente, comblée.

Une journée entière avec Jack !

Le lendemain, comme souvent les journées qui précèdent les grands événements, est une journée plate.

C'est l'anniversaire de sa mère. Elle y pense sans émotion, juste comme à une date que l'on a appris à ne pas oublier. L'amour entre elles s'est perdu. À moins qu'il ne se soit jamais trouvé, qu'il n'y ait jamais eu d'amour. Ça n'avait jamais étonné Arielle. Pendant toute son enfance, puis son adolescence, pas une seule fois elle n'avait entendu sa mère se réjouir de cette double naissance. Au contraire, vingt ans plus tard, sa mère s'en plaignait encore. Ç'avait été une horreur. Un accouchement atroce, elle avait cru mourir, d'ailleurs elle avait failli mourir. Les médecins, leur père, tout le monde avait cru qu'elle allait mourir.

Quel amour peut-on donner à deux êtres qui, pour venir au monde, vous déchirent le corps ? Sont prêts à vous sacrifier pour vivre ? La fille surtout, le garçon passe encore, mais la fille ? Elle qui serait mère à son tour, comment avait-elle pu, ne serait-ce que par solidarité féminine, ne pas épargner sa mère ?

Cette fille devenue si longue, si brune. Cette fille qui voulait faire des études, qui passait ses journées dans les livres et la peinture. Cette fille devenue si différente, comment trouver le chemin vers elle ?

La mère ne l'avait pas trouvé. Rien ne les avait jamais réunies.

Peut-être que la mère en avait souffert, elle était morte sans le dire. Sans jamais non plus revenir sur autre chose que le récit atroce de l'accouchement.

Et Arielle avait crevé de peur. Peur de cet être monstrueux à l'intérieur du ventre qui pour vivre est prêt à vous donner la mort, et qu'il faut ensuite appeler mon enfant, chérir, aider à grandir, et regarder vivre avec des yeux pleins d'amour.

Elle n'avait jamais réussi à partager sa peur. Ni avec Mathieu, ni avec aucun des médecins qu'elle était allée voir, ni avec Daniel, ni même avec Michèle qui aurait pu, peut-être, l'en défaire, elle qui était mère de deux enfants.

Personne ne l'en avait libérée.

De l'autoroute, on aperçoit les clochers de la cathédrale Notre-Dame de Rouen, qui picorent les nuages dans le ciel.

« Regarde comme c'est beau. »

Arielle laisse la main de Jack engloutir la sienne.

Elle ferme les yeux, pour la première fois depuis quatre mois, elle pourrait dormir.

Jack est venu à Rouen pour un rendez-vous avec un gros client. Elle l'attendra à la terrasse d'un café. Avant, elle ira lui acheter un livre, moins pour lui faire partager un bonheur de lecture que pour qu'il ait un objet qui lui vienne d'elle.

Mais en chemin elle s'arrête. Tout à coup, elle se rend compte — comment a-t-elle pu l'ignorer jusqu'ici ? — qu'elle n'a pas d'argent à elle. Que celui qu'elle va utiliser pour acheter un cadeau à Jack appartient à Mathieu. Et qu'elle ne peut pas.

Oui, tout à coup, sur le trottoir, et une femme la bouscule parce qu'elle s'est arrêtée net en plein milieu, elle se rend compte que le moindre de ses achats dépend de Mathieu.

Comme ses tenues.

Son temps.

Ses amis.

Ses pensées.

Comme elle tout entière.

Mais comment ne l'avait-elle pas réalisé avant ? Oui, réaliser, puisque c'est le mot qu'il employait à tout bout de champ.

Comment avait-elle pu rester aveugle et inerte à ce point ?

Et comme aucune réponse ne lui vient, et que c'est un poids terrible de n'avoir aucune réponse, elle va s'asseoir. Commande un café, allume une cigarette, regarde les autres et le temps passer.

Elle regarde les hommes, tous, en détail, minutieusement. Aucun n'est aussi beau que Jack. Aucun. Alors elle se demande comment une ville aussi grande peut compter tant d'hommes, et tant d'hommes si loin d'être aussi beaux que lui.

Elle le voit arriver de loin, la silhouette grande et toujours comme de travers, il lui tend la main.

« Viens, on va déjeuner. On nous attend ! »

À quelques kilomètres de Rouen, ils arrivent dans un domaine immense en pierres blondes, des bâtiments de chaque côté de la cour, des roses trémières déjà en fleur le long des murs, des chevaux dans les box, un étang et des champs qui s'éloignent à perte de vue.

C'est le printemps, le vrai.

Les tables sont mises dehors, à l'abri du vent.

Les chiens sont blancs et affectueux.

La patronne est cavalière, le patron motard.

Un groupe de bikers à la retraite déjeune bruyamment.

Arielle et Jack choisissent une bouteille de blanc et le menu gourmand, ils veulent goûter à tout.

Ils sont bien.

Sur la nappe blanche, ils accrochent leurs mains l'une à l'autre.

Un temps ils ne disent rien pour sentir entre eux ce silence qui leur dit la plénitude.

Puis, sans doute parce que l'émotion est trop forte et qu'il veut qu'elle le sache, il lui dit :

« Je t'emmènerai partout.

— Oui…

— Même dans dix ans, même dans vingt ans, je t'emmènerai partout !

— Dans vingt ans, je serai vieille.

— Je suis sûr que quand tu seras vieille, tu seras encore très jolie et que j'aurai toujours envie de te faire la cour.

— Et l'amour ?

— Et l'amour, ça c'est sûr !

— Tu me fais rire.

— J'espère bien. J'espère aussi qu'un jour, je te ferai pleurer. »

Les marguerites, dans le petit vase bleu sur la table, baissent la tête, elles sont au bord des larmes.

Jack prend son couteau, frappe trois coups légers mais fermes sur le vase. Les marguerites se redressent, elles sont tout ouïe.

« Arielle… Je veux dire pleurer parce que tu seras triste de me voir partir. Partir un mois au Groenland, par exemple. Tu m'imagines moi, au Groenland ? Une semaine ? Même un seul jour à mourir de froid ? Arielle… Pour l'instant, je ne pars pas, je suis là, avec toi. »

Les marguerites, droites à nouveau, regardent Jack de tous leurs pétales. Elles ont repris force et allure dans le petit vase bleu.

Ils ont quitté Rouen.

Au bout d'une demi-heure, Jack sort de l'autoroute, suit un chemin de campagne.

« On va où ?

— Ah… Maintenant je vais pouvoir faire ce que je veux de vous, mademoiselle Arielle. Tout ce que je veux. »

Il trouve un champ désert avec des arbres qui le bordent.

Par endroits quelques coquelicots suivent le cours du vent et se penchent avec délice.

Il ouvre la portière.

« Viens, viens. »

Il la conduit jusqu'à un arbre. Il dévisage son corps avec toujours le même étonnement de l'avoir pour lui. Est-il fou ? Il pourrait la garder des jours entiers contre cet arbre. La regarder et la prendre. Sa captive. Est-il fou ? Fou de désir au beau milieu de ce champ. Sous la robe, il cherche la parcelle la plus secrète, la dénude à peine. Il lui suffit de ce geste pour qu'elle soit sienne et il s'en empare.

Elle garde les yeux ouverts sur les feuilles qui, au-dessus d'elle, se dessinent précises et vertes dans le bleu du ciel.

Mathieu est rentré. Il boit un verre de saint-estèphe, un grand château qu'il a déniché chez un caviste réputé de la place de la Madeleine.

« Tu viens d'où ? »

Dans le taxi, elle avait pensé à tout. Un rendez-vous qui avait duré chez l'esthéticienne.

« Tu prends soin de toi maintenant ?

— Oui…

— Arielle, qu'est-ce que tu as fait ?

— Il y avait du monde…

— Regarde-moi, tu es toute rouge… Sur ta peau tout se voit, tu sais. »

Il se ressert un verre.

Il a les billets pour le Vietnam, ils partent le 8 juillet, et rentrent le 22.

« Déjà ?
— Comment ça, déjà ? »
C'est dans deux mois. Ils en parlent depuis des semaines, en tout cas lui, puisqu'elle, elle ne parle de rien. Tout est calé, réservé. Ils ne peuvent pas changer les dates comme ça sur un coup de tête. D'ailleurs, ils ne vont rien changer du tout.
« Et si le volcan…
— J'espère qu'il aura fini de faire le con, ce con. »
Il fallait que tout le monde y mette du sien maintenant. Que tout le monde comprenne qu'on ne peut pas tout bloquer comme ça. Changer la vie des gens. Les gens, ça ne leur plaît pas, pas du tout. Tout devait rentrer dans l'ordre.
La vie doit reprendre comme avant. Non ?
Elle ne dit rien ?
Elle se sert un verre.
Elle va essayer.
Essayer de dire…
« Quoi ?
— Je crois que… que je n'ai pas envie d'aller au Vietnam. »
Un silence.
« Pourquoi ?
— À cause de…
— À cause de quoi ? »
Est-ce qu'elle va avoir le courage ?
« À cause de quoi ? Arielle ! À cause de quoi ! »
Cette violence déjà dans la voix.
Cette colère qui lui serre la bouche, les yeux, le poing, qui lui postillonne au visage.

Non, elle ne peut pas aller plus loin, elle n'a pas le courage.

Il se sert un verre, la bouteille est vide.

« Merde ! »

C'est vrai, le tout est d'avoir envie.

Est-ce qu'elle se souvient de ce que c'est d'avoir envie ? Enfin, d'avoir envie avec lui ! Envie de partir en voyage avec lui ! De parler avec lui ! De faire des choses ! De faire l'amour ! D'avoir des enfants !

Elle s'excuse, elle est fatiguée, elle va se coucher.

C'est ça, qu'elle aille se coucher ! Elle avait toute la journée pour se reposer, mais le moment qu'elle choisissait c'était justement quand il était là. Il comprenait, ça, ce soir il comprenait bien que dorénavant quand elle le voyait, elle était fatiguée.

Elle monte dans la chambre.

Il descend à la cave chercher une autre bouteille.

« Et au moins n'oublie pas de prendre un comprimé ! Au moins ça ! »

Quatorze heures Opéra, ça te va ?

Magnifique !

Quatorze heures cinq, il est là, il l'attend. Il a sur lui un air de disponibilité qu'elle ne lui a jamais vu.

« J'ai tout mon après-midi ! »

Il a laissé de côté son uniforme d'homme d'affaires, il porte un jean noir et une chemise blanche.

Comme Daniel.

Hiver comme été Daniel ne portait que des chemises

blanches. Dans son dressing quand ils avaient débarrassé l'appartement, ils en avaient trouvé une vingtaine soigneusement suspendues. Elle en avait gardé une pour elle.

Jack est encore plus beau que les autres jours.

Le silence dans l'ascenseur jusqu'au septième étage.

Comme la première fois, il commence par déposer son portable et sa montre en acier chromé sur la petite table en métal gris de l'entrée, puis il s'approche d'elle. Il délace la robe, cette robe pleine de fleurs et de couleurs qu'elle n'a achetée que pour lui. Retrouve les seins, les cuisses, le sexe, avec cette fois une assurance dans les caresses que donne la connaissance d'un corps.

Elle se laisse prendre dans une mer profonde et déchaînée et ne cherche plus à savoir nager.

« Je pourrais rester des heures comme ça, en toi.

— Et dormir…

— Dormir ?

— Oui.

— Jamais ! Je te réveillerai toutes les heures, et j'abuserai de toi, toute la nuit ! On restera collés, comme ça. Le jour aussi. Rien ne pourra nous séparer, on sera comme des… »

Il ne termine pas sa phrase, se lève.

« On se ressemble tellement, tu ne trouves pas ? »

Elle le regarde, l'inscrit cette fois pour de bon dans sa mémoire. Peu de corps d'hommes sont inscrits dans sa mémoire.

« Tu ne réponds pas, tu ne trouves pas ?

— Je ne sais pas…

— Moi, je trouve. »

Il revient avec deux bières, en donne une à Arielle.

« Combien de temps encore, d'après toi ?

— Combien de temps, quoi ?

— Cette éruption volcanique. »

Elle rit.

« L'Eyjafjöll, tu veux dire ?

— L'Eyjafjöll, si tu veux. »

À la radio, les spécialistes disaient que ça pouvait varier entre deux jours et un an, tout dépendait du magma, de cette roche en fusion à l'intérieur du volcan. L'Eyjafjöll dormait depuis 1821, autant dire des siècles. Personne n'aurait pu penser qu'il allait se réveiller, et surtout pas Arielle. Si ça ne dépendait que d'elle, l'Eyjafjöll ne s'éteindrait jamais.

Lui aussi ça faisait des siècles qu'il n'avait pas aimé comme ça. Dix ans. Vingt ans, il ne savait plus. Mais là, avec elle…

Il la regarde.

« Ah, ces yeux… S'ils voulaient me dire ce qu'il y a au fond.

— Mais il n'y a rien.

— Je ne saurai jamais alors ?

— Qu'est-ce que tu voudrais savoir ?

— Tout. »

Il retrouve alors le ruban noir au bord du lit, le laisse glisser sur le ventre, le long des jambes, entre les cuisses, et l'abandonne en arabesque sur le sexe. Elle frissonne tant qu'il entre dans son corps et l'emmène très loin.

Elle est allongée sur le lit, il est assis. La douceur du vent passe à travers le rideau blanc. Ils regardent ensemble un paysage au loin, un territoire à conquérir.

Il se tourne vers elle, maintenant, ce sont ses yeux qu'il veut voir.

« Ces yeux... Tu ne veux pas me dire ce qu'il y a au fond ?

— Mais il n'y a rien, je t'assure. »

Il se lève, prend son téléphone.

Elle se redresse, qu'est-ce qu'il fait ?

« Photo ! Je t'enlève. Je vais t'avoir pour moi tout seul dans mon portable. »

Elle ne veut pas.

« Je vais avoir tes yeux et je finirai par trouver ce que tu ne veux pas me dire. »

Elle ne veut surtout pas.

Elle prend le drap, se cache.

« Arielle !

— Non !

— Arielle... S'il te plaît ! »

Elle préfère qu'il se souvienne, qu'il imagine. Ou même qu'il dessine.

Mais rester figée, sans concession, comme une preuve, dans l'appareil photo de Jack, non, elle ne veut pas.

« Très bien. Excuse-moi ! »

Il enfile son jean, une autre chemise maintenant que la blanche. Un agacement a durci son visage. En refusant son désir, elle a perdu sa douceur.

« Tu sais que tu as des comportements bizarres, quelquefois.

— Pardon ?

— Des comportements étranges.

— Je suis désolée, je n'aime pas beaucoup les photos…

— Ce n'est pas ce dont je veux parler. Depuis une semaine, tu m'envoies de drôles de messages, en pleine nuit, à quatre ou cinq heures du matin.

— Ce n'est pas possible…

— Tu veux que je te les lise ?

— Non…

— Si, je vais te les lire, comme ça tu vas te rendre compte. Et tu pourras m'expliquer peut-être, parce que moi je ne te comprends pas.

— Tu ne me comprends pas ?

— Je veux dire ces messages… étranges, vraiment. Donc, le premier… Quatre heures trente-cinq : *Oui, je partirai où tu veux avec toi, et quand le contrôleur passera, je lui montrerai de quoi je suis capable.*

— Je n'ai jamais écrit ça ! Jamais !

— Si. Forcément, c'est toi qui l'as écrit, c'est ton numéro. Ensuite, le deuxième…

— Non…

— Si, écoute. Cinq heures six : *Le contrôleur est passé, il n'a rien pu faire, la couchette était vide.* Le troisième…

— S'il te plaît…

— *Ma couette est pleine de moutons. Le contrôleur n'aime pas ça. J'ai peur qu'il les égorge tous.* Celui-là, il est presque drôle, tu ne trouves pas ?

— Non. »

Elle se lève, se sent tellement ridicule, trahie et nue devant lui. Elle aussi va s'habiller, se remettre seule avec elle.

« Ce n'est pas moi qui t'ai envoyé tout ça.

— Qui alors ?

— Je ne sais pas. Tu peux les effacer, s'il te plaît ?

— Qui ? Dis-moi.

— Je ne sais pas, je ne comprends pas. Efface-les. »

Et il les efface. Les messages n'ont jamais existé. De toute façon, il est trop fatigué.

Finalement, elle demande la grande serviette en éponge bleue. Elle va prendre une douche, tout effacer, elle aussi. De l'eau sur son visage, dans ses cheveux, tout laver, tout effacer et tout recommencer comme avant la photo, comme avant les messages. Et elle restera avec lui s'il veut, elle inventera un mensonge pour Mathieu ou elle lui dira tout. Oui, elle lui dira tout. Elle trouvera le courage et elle lui dira, elle le lui a déjà presque dit. Et elle donnera à Jack cette nuit qu'il demande, et ils partiront en week-end, en vacances, où il voudra, le temps qu'il voudra.

« Pour cet été… Je vais dire à Mathieu que je ne veux pas partir au Vietnam avec lui.

— Le pauvre… Je pense à lui, quelquefois.

— Pardon ? »

Elle a dû mal entendre à cause du bruit de l'eau.

« À qui tu penses ?

— À Mathieu, ton mari.

— Ah bon ? Pourquoi ?

— Ça doit être difficile pour lui. »

Qu'est-ce qui pouvait bien être difficile pour lui ?

« Être obstétricien, et ne pas avoir d'enfant. »

Elle doit avoir du savon dans les yeux, ça brûle sous les paupières. Peut-être que si Jack lui donnait la serviette ? S'il mettait un peu d'eau et lui essuyait doucement les yeux ?

« Quand je pense qu'il est confronté à ça tous les jours. Tous les jours, tu te rends compte ? Il donne naissance à des dizaines d'enfants, et il sait qu'il n'en aura jamais un à lui, le pauvre… J'imagine, ça doit être horrible.

— Tu sais…

— Quoi ?

— Rien. »

Jack ne savait rien, puisqu'elle ne lui avait rien dit. Ça n'avait jamais été le moment. Jamais opportun ou flatteur. Il avait tout pris d'elle et il ne savait rien.

« Quand tu sors de la douche, regarde dans la cuisine, il y a quelque chose pour toi.

— Pour moi ? »

Elle avait toujours été gênée de recevoir des cadeaux, comme si, finalement, elle ne les méritait pas.

« Ce n'est pas grand-chose. »

Sur le bord de l'évier il y a un bol, qui sèche. Elle se souvient de ce message reçu le lendemain du jour où il l'avait embrassée pour la première fois : *À mon réveil, je t'ai cherchée sous ma douche, tu n'y étais pas, sous mon bol de café non plus, pas plus que dans la poche de ma veste… Je suis parti, dégoûté, la journée commençait mal.* Elle le connaissait par cœur. Ne pouvant sauvegarder les messages dans son téléphone, au risque que Mathieu les découvre en fouillant, elle les sauvegardait dans sa mémoire.

À côté du bol, un grand sac en papier rouge et blanc. Elle l'ouvre. À l'intérieur, tout un assortiment de thés et de fruits confits, harmonieusement disposés dans une corbeille, le tout provenant de chez un traiteur réputé de la place de la Madeleine.

« Merci… »

C'était sa secrétaire qui avait choisi, la Stéphanie en bas résille, lui il n'y connaissait pas grand-chose.

« Tu es prête ? »

Il est dix-neuf heures et il doit y aller.

Elle ne pose pas de question et enfile sa robe.

Il la dépose à une station de métro.

« Ça ira ?

— Oui, c'est direct. »

Elle a envie d'ajouter que c'est loin, si loin de lui.

« Allez… Je vais être en retard. »

Pourquoi il ne lui demande pas, quand ? Quand je te revois ? Quand je te retrouve ? Quand je t'embrasse à nouveau ?

« Arielle ?

— Oui ? »

Elle savait qu'il lui demanderait, qu'ils ne pouvaient pas se quitter, lui comme elle, sans avoir fixé une date, une heure où ils se retrouveraient.

« Il vaudrait mieux que tu éteignes ton téléphone, la nuit. Ça t'évitera des surprises.

— Oui, tu as raison, merci. »

Et rien de plus.

Quelques mètres plus loin, elle arrive au métro.

Quand elle se retourne, il est déjà parti.

En rentrant, elle cache les thés et les fruits confits au fond d'un placard, à l'abri de Mathieu. Un jour, elle les partagera avec Jack. Est-ce qu'il aime le thé ? Bien sûr, il aime le thé. Pourquoi lui en aurait-il offert s'il n'envisageait pas de le partager avec elle ? Un jour, demain, après-demain, très vite, elle boira avec lui, il aura oublié les messages en pleine nuit, le contrôleur du train et les moutons sur la couette, il aura oublié les photos qu'elle n'a pas voulu lui laisser prendre, et elle lui racontera tout.

Puisqu'il ne sait rien.

Il ne sait pas non plus qu'avant Daniel et elle, dans leur famille, il y avait eu un frère qui s'appelait comme lui, ou presque : Jacques. Elle ne l'avait pas connu, il était mort un an avant leur naissance. Jacques était un ange, à qui elle n'avait toujours prêté que des vertus. Jacques était le terreau sur lequel avait poussé cette double naissance. Pour une mort, une vie.

Comme Jack. Pour une mort, une vie.

Oui, il y a tant de choses que Jack ne sait pas.

Tant de choses qu'elle voudrait lui dire.

La prochaine fois, oui, la prochaine fois, elle lui dira tout.

Et il comprendra.

Et il l'aidera.

Et il l'aimera.

Et ils resteront assis au bord de la Seine pendant des

heures à regarder passer les bateaux-mouches ou les formes étranges que dessinent les nuages dans le ciel, ils mangeront des sandwichs et se tiendront la main. Ils pourraient être à Florence, Amsterdam ou Istanbul, ce serait pareil.

« Qu'est-ce que tu fais ? »

Mathieu est entré dans la chambre.

« Rien. Je rêve... »

Pourquoi elle dit ça ? Elle ne devrait pas. Employer ce mot devant lui, il va le lui renvoyer à la figure, c'est sûr. Et il le fait :

« Tu rêves ? De quoi ? D'une petite escapade en amoureux avec moi ? Tout un week-end en wagon-lit ? Orient-Express ? On parlerait, on ferait l'amour, que ça pendant tout le voyage, et on se ficherait bien du contrôleur et de tous les emmerdeurs qui viendraient nous déranger. C'est ça, qui te fait rêver ? On fait ça quand tu veux, ma chérie. »

Elle le regarde, stupéfaite.

« Tu as peur, hein ? Je plaisante, ne t'inquiète pas ! »

Le portable de Mathieu sonne, Philippe passe le chercher pour un match de tennis. Il faut qu'il aille se changer.

Et si c'était Mathieu qui... Il en est capable. Il est capable de prendre son portable, la nuit quand elle dort. C'est facile, elle n'a pas de mot de passe. Qu'est-ce que tu as besoin de mot de passe, tu n'as pas confiance ? Pas confiance en moi, ton mari ? Il est capable d'envoyer des messages abracadabrants et de la faire passer pour... C'est bien ce qu'il faisait à la banque, chez le médecin, devant ses amis, devant le peintre venu réparer un dégât des eaux dans la cuisine, il la faisait passer pour... Une chose belle encore, surtout quand elle voulait bien faire un effort, mais si fragile, un peu stupide, et pas très intéressante. Et quelquefois même, presque folle.

Et on la regardait comme une chose étrange.

Étrange. C'est le mot que Jack avait employé, il avait dit qu'elle avait des comportements étranges. Maintenant, lui aussi devait la trouver étrange, trop peut-être.

Mathieu entre en trombe dans la chambre, furieux, le portable à la main, qu'il secoue comme un talisman de mauvais augure. La clinique vient d'appeler, son tennis est foutu ! Mais quelle merde ! La petite du préfet a une paralysie du plexus brachial. Un dimanche ! Elle ne pouvait pas attendre lundi ? Et de là à ce que le préfet soit persuadé que c'est un accident dû à l'accouchement, il était capable de lui foutre un procès au cul ! Et alors c'était pas fini les emmerdes, avec le nombre de relations qu'il avait. Et là, le classement pour la clinique, ils pouvaient tous arrêter d'y penser, c'était foutu ! Mais dans tout ça il y en a au moins un qui sera content, c'est Benoît ! Lui qui a toujours rêvé de le voir patauger dans la merde, eh ben là il y était. Jusqu'au cou !

Et comme aucun de ses problèmes ne semble émouvoir Arielle, pas même un soupir, un mot de compassion ou une invitation à venir s'épancher sur sa poitrine, il trouve encore autre chose :

« Et avec ça Mme Rabastens est entrée en urgence à la clinique ! »

Il ne lui en a pas parlé, il ne voulait pas l'emmerder avec ça, mais là il est bien obligé d'admettre, et Dieu sait s'il a fait tout ce qu'il pouvait pour cette femme, qu'il ne peut plus rien.

« La pauvre… »

Mais qu'est-ce qu'elle raconte, c'est lui le pauvre ! Avec la somme d'emmerdes qu'il a sur le dos aujourd'hui.

Il s'approche d'Arielle, oui, c'est lui le pauvre ! Il a besoin de réconfort, et il va le trouver sur les seins de sa femme, ils sont là aussi pour ça.

Arielle rabat sa chemise, comme on tire un rideau de fer.

Il n'a pas l'habitude qu'on ne lui donne pas ce qu'il est venu chercher, il n'aime pas ça, pas ça du tout.

« Tu t'en fous, hein ? C'est ça ? De moi, de mes emmerdes, t'en as vraiment rien à foutre ! »

Et il lui balance une boîte de comprimés à la figure.

« Tiens, je t'avais rapporté ça ! Tu vois, moi, je m'en fous pas de toi ! Couche-toi, ne m'attends pas, de toute façon je vais rentrer tard ! »

Elle a pris un comprimé et elle a dormi longtemps.

Tout le week-end, Mathieu est rentré tard, et reparti très tôt.

De tout le week-end, aucun message de Jack sur son portable.

En revanche le lundi matin, quand elle se réveille, Michèle lui a déjà écrit plusieurs fois :

8 h 30 : *Tu me rappelles ?*

9 heures : *Rappelle-moi, s'il te plaît.*

9 h 30 : *Rappelle-moi, je voudrais savoir ce qu'il y a.*

10 heures : *Rappelle-moi, s'il te plaît, je suis inquiète.*

Et elle appelle Michèle :

« Ah, enfin ! Comment tu vas ?

— Mais bien… Oui, bien, ne t'inquiète pas.

— Mais bien sûr que je m'inquiète ! Tu m'as appelée trois fois cette nuit sans me laisser de message.

— Mais non…

— Si, Arielle, je t'assure.

— Ce n'est pas possible, je dormais. Je prends des somnifères que Mathieu me rapporte de la clinique. J'ai dormi jusqu'à… Il est quelle heure ?

— Tu m'as appelée trois fois, Arielle. Et la semaine dernière, tu m'as envoyé deux messages en pleine nuit. Des messages très bizarres, étranges.

— Étranges ?

— Oui, une histoire de contrôleur qui te donnait des comprimés dans le train. Je me suis dit que tu m'expliquerais quand on se verrait, mais maintenant avec ces appels en pleine nuit, je m'inquiète. Tu veux que je vienne ? »

Le contrôleur…

Celui qui contrôlait ses voyages. Sa vie. Ses amis. Ses idées. Son corps.

Celui qui surveillait. Endormait. Et fournissait, pour être sûr de l'endormissement.

Cet homme…

C'était Mathieu.

Et ce contrôleur qui d'habitude était du genre plutôt peu inquiet, une fièvre, un vomissement, une entorse, il minimisait chaque fois, prends un peu de paracétamol et dans deux jours tu verras ce sera terminé, depuis un mois, ce contrôleur était devenu particulièrement attentionné, vigilant, exigeant même.

« Tu n'as pas oublié ton comprimé ? »

« Tu devrais en prendre un avant d'aller te coucher. »

« Prends-le, c'est important, pas simplement pour ta santé physique mais aussi pour ta santé psychique. Tu peux faire confiance à Le Bihant, c'est un grand. »

« C'est ça, va te coucher, et prends un comprimé, au moins ! Au moins ça ! »

Sous-entendu : Fais au moins ça pour moi.

Elle allume son ordinateur.

Très vite, elle trouve ce qu'elle cherche : une vingtaine de témoignages. Sous l'influence de cette molécule, sans aucune conscience de ce qu'ils faisaient, une femme a passé ses nuits à faire le ménage ; une autre a vendu tous ses sacs sur le trottoir, en bas de chez elle ; un homme a fait plusieurs tentatives de suicide, et a fini par se jeter par la fenêtre ; des femmes ont été abusées par leur mari ou leur amant. Plusieurs témoignent même du fait que leur compagnon les persuadait de ne pas interrompre le traitement, ainsi elles acceptaient de faire ce qu'elles refusaient habituellement.

Sous l'influence de cette molécule, il pouvait donc arriver que l'on fasse n'importe quoi à son insu : envoyer des sms étranges, ou même se soumettre.

Il était possible que la nuit…

Puisque Arielle n'était pas assez disponible le jour, il était possible que Mathieu se saisisse d'elle la nuit. Il en était capable.

Elle va parler à Jack.

Comment vas-tu ? Il faut que je te voie.

Elle va tout lui dire, et lui expliquer pour les messages. Et ils prendront à nouveau l'ascenseur en silence jusqu'au septième étage, et il trouvera les chemins sur sa peau, et il lui dira oui quand elle dira encore, et il fera trembler tout son corps. Ils retourneront dans le champ où les coquelicots se balancent, ils iront à New York, en Afrique, elle lui présentera tous ses amis, elle achètera pour lui une robe indécente, ils se coucheront tard en ayant trop bu, ils iront à des mariages où ils parleront du leur, et un jour elle lui montrera l'arbre calciné au bord de l'étang.

Elle attend, regarde les minutes passer sur son téléphone, ne comprenant pas pourquoi elles passent si vite sans aucune réponse de lui.

Elle attend, mettant soigneusement chaque mot à sa place pour qu'il comprenne mieux.

Elle attend. Comme c'est difficile d'attendre.

Midi, une réponse, enfin :

Week-end harassant…

Harassant ? Elle cherche un sens à ce mot. Fatigant ? Horripilant ? Invivable ? Elle ne sait si elle doit se réjouir ou s'inquiéter. Se réjouir d'un week-end devenu invivable parce que passé sans elle ? Ou s'inquiéter parce que, en ce lundi, il se pouvait qu'elle soit un élément de plus à sa fatigue ?

Elle choisit de se réjouir.

Tu peux déjeuner avec moi ? Il faut que je te parle.

Quand ?

Aujourd'hui.

D'accord.

Où ?

Il lui donne rendez-vous dans cette brasserie des grands boulevards où ils ont déjeuné la première fois.

Elle part, la robe pleine de fleurs et d'espoir, et quelques papillons au ventre.

Elle arrive la première. Jusqu'alors c'était lui mais aujourd'hui c'est elle.

Elle le voit de loin, il ne porte que la moitié de son costume d'homme d'affaires, il marche vite. Quelques mètres encore, et elle le touchera, l'embrassera. Une seconde maintenant, et elle est dans ses bras, dans ses baisers. C'est si bon. Elle voudrait que ça dure. Mais ça ne dure pas. Très vite, il s'éloigne d'elle, un peu brusquement, comme s'il avait oublié quelque chose, il lui demande :

« Tu as faim ? »

Elle dit oui, pour ne pas faire compliqué.

Il sourit largement, un peu trop peut-être, comme une politesse qu'il voudrait rendre à la vie en général, et non à Arielle en particulier.

Elle trébuche sur le trottoir, il fait un peu froid.

Il a faim, très faim, il faut qu'il mange, il est fatigué, il a tellement de travail.

Il cherche une table libre en terrasse.

Le serveur s'avance et les place.

Un silence.

Elle ne sait plus par où commencer.

Elle regarde le ciel. Les nuages se rencontrent et se séparent à une vitesse hallucinante.

Il regarde autour de lui, les gens à droite, à gauche. Tiens, il reconnaît une femme assise plus loin mais il ne sait plus très bien qui c'est.

Assis l'un en face de l'autre, on dirait tout à coup deux touristes à l'étranger, qui auraient oublié leur langue commune.

Un creux, un vide.

Et comme Jack n'aime pas le vide, il n'a pas le temps pour ça, il demande :

« Alors ?

— Il faut que je te dise pour les messages, je crois que…

— Qu'est-ce que tu as fait de beau ce week-end ? »

Elle voudrait répondre ce n'est pas le sujet mais ce week-end, oui, je t'ai attendu, le samedi, le dimanche, la nuit, le jour, la nuit surtout, mais il regarde à nouveau cette femme assise plus loin. Il cherche son nom, un lieu, une indication, quelque chose qui lui en dirait davantage. Elle sent, et ça lui fait mal au fond du ventre, cette harmonie entre eux qui s'en va comme un cerf-volant qui échappe. Alors elle lui répond :

« J'ai lu, surtout. Et toi ? Tu me dis que tu as eu un week-end harassant ?

— Oui. Je ne sais plus où j'en suis. Je suis fatigué, épuisé, j'oublie mes clés… »

« Messieurs dames, qu'est-ce qu'on vous sert ? »

Elle prendra un tartare et une salade, sous-entendu, comme d'habitude.

« Et pour monsieur, ce sera ? »

Une salade de la mer, avec un verre de blanc.

Une salade de la mer ? Mais ça n'a rien à voir avec…

« Arielle ? Ça va ?

— Oui…

— Tu veux quelque chose d'autre ?

— Non merci. »

Donc il oublie ses clés. Ses clés, passe encore, mais il ne sait plus où il met son ordinateur, où il gare sa voiture, il laisse la porte de son appartement ouverte, il est fatigué, très. Et puis il y a ses enfants.

Elle touche à peine à son assiette, un quart de frite par-ci par-là, juste assez pour ne pas lui montrer qu'elle ne peut rien avaler.

Lui, dévore sa salade, sans même s'apercevoir que les feuilles sont trop grandes et sa bouche trop petite.

Entre deux crevettes, il parle de ses clients qu'il doit aller voir aux quatre coins de la France, de sa société qui l'épuise et de cette secrétaire, non pas Stéphanie, elle, elle est trop précieuse, qu'il doit licencier.

« Tu licencies, toi ?

— C'est la vie, que veux-tu. À un moment donné, il faut savoir prendre des décisions. »

Et puis il y a la communion de sa fille qui approche, ces cinquante personnes qu'il faut réunir chez lui, à Londres, le traiteur, les hôtels, c'est toute une organisation, et sa femme qui… Et les grand-mères qui appellent tous les jours parce qu'elles veulent faire un cadeau à la petite, et qu'elles ne savent pas quoi offrir. D'ailleurs, peut-être que…

« Peut-être que tu sais, toi ? Qu'est-ce qu'une grand-mère pourrait bien offrir de symbolique à une petite fille de onze ans pour sa communion ? »

Arielle cherche. Cherche de toutes ses forces. Cherche dans ses souvenirs. Cherche du côté de ses amis, enfin du côté de ceux de Mathieu. Qu'est-ce qu'une petite fille de onze ans pourrait recevoir de symbolique ? Qu'est-ce qu'une petite fille de onze ans… Il faut qu'elle trouve, qu'elle passe correctement l'épreuve. Si elle donne la bonne réponse, il sera rassuré, et il croira, oui, il croira qu'elle est capable de s'occuper de tout, de lui, de la communion, des enfants, même si elle n'en a jamais eu, et alors tout redeviendra comme avant, comme avant ce week-end, et alors…

« Alors ? »

Il la regarde, fixement. Attend l'idée lumineuse.

Mais elle a beau chercher, rien ne vient.

« Je ne sais pas.

— Tu vois, je te l'avais dit, c'est pas facile. Vraiment pas facile, Arielle. »

Il faut qu'elle se concentre sur sa respiration. Qu'elle calme son cœur qui lui fait mal. Il ne faut pas qu'elle pleure, non, il ne faut pas qu'elle pleure, ni qu'elle tremble non plus.

Il faut plutôt qu'elle essaie d'avaler une frite, ou un peu de tartare.

Qu'elle paraisse normale et détendue.

Le portable de Jack sonne, il répond, c'est un bon vieux copain.

« Excuse-moi… »

Le bon vieux copain confirme une réservation dans un restaurant pour une soirée prochaine entre bons vieux copains. Au téléphone, Jack plaisante, désinvolte tout à coup, heureux à la perspective de cette soirée. De sa main libre, il prend machinalement celle d'Arielle, et vérifie ainsi qu'elle est toujours bien en sa possession, et toujours disponible. Et elle l'est. Jack sourit, il est content. Le bon vieux copain raccroche, il a lui aussi un boulot de dingue. Jack garde la main d'Arielle dans la sienne. Un petit oiseau captif. Il y a quelque chose d'excitant à sentir un petit oiseau captif dans sa main, à sentir le pouvoir qu'on a, de le garder, ou bien d'ouvrir la main et de le laisser s'envoler. À sa guise.

La douceur des plumes, le petit cœur qui bat, d'appréhension, de jouissance et d'amour.

Jack se laisse aller un moment à cette ivresse, caresse le visage d'Arielle, ses cheveux, comme il aime ça, sentir ses cheveux entre ses doigts.

« Et ces yeux… ces yeux… S'ils n'étaient pas si beaux… »

Il est là à nouveau, avec elle.

Alors elle va oser. Elle va lui dire que… qu'elle a pensé à lui tout le week-end, qu'elle… Oui, elle va lui dire.

« Jack, je crois que je… Oui, je crois que je… »

Un claquement dans l'air.

Arielle s'arrête là. Net.

Le serveur tape dans ses mains comme on fait dans les basses-cours pour chasser les poules.

« Va-t'en ! Allez pftt, va-t'en ! Va-t'en ! Va-t'en ! »

Il se faufile entre les tables à coups de bruits secs et dissuasifs, jusqu'à ce qu'une femme à longue jupe bariolée ait décampé. Une femme rom, qui venait d'essayer de subtiliser le pourboire qu'un client avait laissé sur la table.

Jack lâche la main d'Arielle, commente sans commenter :

« Ah ben… »

Il se garde bien de se déclarer en faveur de la poule ou du fermier, et reprend sa posture d'homme responsable sur tous les fronts, c'est-à-dire bien droit sur sa chaise, les mains prêtes à nouveau à répondre au téléphone ou à finir son assiette.

Un nuage passe devant le soleil.

« Tu disais ?

— Quoi ?

— Tout à l'heure, avant que le serveur… Tu disais ?

— Oui… Je crois que je… que je…

— Oui ?

— Que je suis…

— Bon. Puisque visiblement tu n'arrives pas à le dire, moi, je vais le dire. Voilà. Moi aussi je suis… Et je pourrais devenir très… Très, je le sais. Mais ce n'est pas possible, je suis fatigué, j'ai du travail, des responsabilités.

— Je sais… Je vais tout dire à Mathieu et…

— Ça n'est pas possible, Arielle. Moi aussi, je peux devenir très amoureux, je le sais, très, mais là ça n'est pas possible. »

Il a un ton très calme, très clair, le ton d'un banquier qui annonce à son client le risque qu'il y a à faire tel ou tel placement.

Elle ne pleurera pas, non, elle ne pleurera pas. Elle tord sa bouche dans tous les sens, ça fait mal, elle doit être moche, mais elle ne pleurera pas.

Il faut qu'elle trouve quelque chose à dire, alors elle dit :

« Je déteste la tiédeur. »

Mais pourquoi a-t-elle dit ça ? C'est d'une bêtise. Elle s'est trompée de mots, de phrase. Elle aurait voulu dire j'ai eu tellement peur, peur d'avoir mal, peur d'être amputée une seconde fois, tu sais on m'a déjà coupée en deux il y a quatre mois, je me suis retrouvée ouverte, déchirée, on m'a pris l'autre moitié de moi-même, et j'ai eu si peur que ça recommence. Et j'ai peur aussi parce que depuis longtemps un homme me fait du mal. Mais je t'assure, je suis courageuse, je ne suis pas que cette femme qui vacille, je saurai être forte aussi.

Seulement, les banquiers se défient du cœur des femmes. Ils ont appris à avoir de la repartie :

« Moi aussi, tu sais, je suis quelqu'un d'entier. »

Qu'est-ce qu'elle croit ? Qu'est-ce qu'elle imagine ? Lui aussi a sa part de profondeur d'âme.

Non, elle ne pleurera pas. Elle ne pleurera pas.

D'ailleurs Jack ne tient pas du tout à ce qu'elle pleure, il a assez de problèmes comme ça. Alors il passe à autre chose, tiens, quelque chose de plus léger, il parle restaurants et cinéma. Justement ce week-end, il est allé voir le dernier Clint Eastwood, celui qu'ils avaient raté parce qu'elle était arrivée en retard. Il a beaucoup aimé. Elle ne s'empresse pas de lui demander avec qui il a été au cinéma, et il ne s'empresse pas non plus de le lui préciser.

Non, elle ne pleurera pas.

Il remarque, bien sûr, comment ne pas le remarquer, son front qui se plisse et se crispe pour retenir les larmes, ses doigts qui depuis vingt minutes entortillent la même mèche de cheveux, mais il faut qu'elle comprenne qu'il ne sait plus où il en est, qu'il est fatigué, et que pour couronner le tout, sa femme, ce week-end, lui a fait la danse des sept voiles.

Qu'est-ce qu'il dit ?

Qu'est-ce qu'il dit ?

Elle a dû mal entendre avec cet orage qui menace au loin. Elle a entendu voile et femme, mais elle n'arrive pas à mettre les mots côte à côte, à ce qu'ils construisent ensemble une phrase cohérente. Elle lui demande de répéter.

« Ma femme, je ne sais pas ce qu'il lui a pris tout à coup, elle m'a fait la danse des sept voiles. »

Cette fois, elle a bien entendu. Elle imagine même la scène, les bougies, l'encens, la couleur des tissus, une musique indienne.

Il va bientôt pleuvoir.

Non, elle ne pleurera pas.

Il n'est pas beau à voir tout à coup. Un air piteux, pas très courageux. Un air de *shabby man*. Il parle de sa femme, de ses enfants, son regard se mouille. Arielle ne peut pas imaginer à quel point il les aime, c'est un véritable papa poule. Il est désolé, il n'aurait jamais dû l'entraîner là où il l'a entraînée. Il est désolé, vraiment. Et maintenant sa femme qui… Sa femme qui a soupçonné quelque chose.

Il faudrait qu'il se mouche, il a le nez sale.

Alors il lui a dit.

« Tu lui as dit ? Mais pourquoi tu lui as dit ? »

Elle ne pleurera pas, non ! Elle va se lever, prendre la nappe et tout fiche par terre, les verres, les assiettes, le tartare et les frites auxquels elle n'a pas touché et qu'elle déteste ! Tout foutre par terre ! Et que sa femme, ses enfants, les grand-mères et toute la clique restent dans leur Angleterre ! Et que lui aussi, il y reste ! Qu'elle ne le revoie jamais ! Plus jamais !

Le serveur apporte l'addition en courant, il a l'œil sur sa terrasse. Pas de vols à la tire, mais pas de scènes de ménage non plus !

Jack sort sa carte bleue.

Le serveur remercie, dit que le ciel n'est pas beau à voir, qu'il vaudrait mieux se mettre à l'abri, sous-entendu qu'il vaudrait mieux que vous partiez avant que l'orage n'éclate, avant que vous ne vous écharpiez sur la place publique.

Jack saute sur l'occasion.

« Vous avez raison, on y va. »

Arielle se fiche bien du mauvais temps, pour elle, il pleut déjà.

« Pourquoi tu lui as dit ? Pourquoi tu lui as parlé de nous ?

— Je ne lui ai pas parlé de nous, je ne lui en parlerai jamais.

— Alors, qu'est-ce que tu lui as dit ?

— Je suis fatigué, Arielle, fatigué. Je ne sais plus où

j'en suis. Moi aussi je suis coupé, déchiré. Je lui ai dit que j'étais… À quel point, j'étais… perdu, c'est ça perdu moi aussi, depuis la mort de Daniel.

— Daniel ?

— Oui.

— Quel Daniel ?

— Daniel.

— Mais il y a plein de Daniel ! De quel Daniel tu parles ?

— De Daniel, ton frère.

— Mon frère ? Mais de quel droit tu te sers de… De mon frère pour régler tes problèmes avec ta femme ? Tu ne le connaissais même pas !

— Si, je le connaissais.

— Tu le connaissais ? Tu connaissais Daniel ?

— Oui.

— Mais pourquoi tu ne me l'as pas dit ?

— Tu étais tellement fragile…

— Fragile ? Je ne suis pas fragile ! Tu ne me connais pas, je ne suis pas fragile ! »

Il avait essayé de le dire. Au début, il avait essayé. Quand il l'avait vue à l'aéroport, la première fois. À son mari aussi il avait essayé de le dire.

Il l'avait reconnue tout de suite, de loin, bien avant de lui adresser la parole. Elle était comme Daniel, elle avait la même façon, la même exactement, d'être au milieu des autres et pourtant ailleurs. Et puis la voix. Incroyable. Les mêmes intonations, le même timbre, la même façon de s'emporter, de sourire. Et les yeux… les yeux, surtout.

Et il s'était passé ce qui s'était passé, et il n'avait pas pu le dire.

« Tu n'as pas pu ? Tu n'as pas pu !

— Non. Et puis je crois que ce n'est pas ce qu'il aurait voulu, qu'on se rencontre comme ça, qu'on vive ça…

— Qu'est-ce que tu en sais ? Si tu l'avais bien connu…

— Arielle, je le connaissais très bien, et depuis longtemps.

— Alors pourquoi il ne m'a jamais parlé de toi ? Je connaissais tout de lui. Tout. Ses goûts, ses amis…

— Parce qu'il compartimentait.

— Compartimen… quoi ?

— Compartimentait. C'est comme ça qu'il disait. Chacun sa place. Chacun sa vie.

— Chacun sa vie ?

— Oui. Que vous ne soyez pas forcément toujours…

— Ce n'est pas vrai ! Il n'a jamais dit ça !

— Si. C'est pour ça qu'il devait venir s'installer à Londres.

— Ce n'est pas vrai, tu mens ! Il devait aller à Tokyo !

— Oui, le crabe qui avance malgré tout vers la mer.

— Arrête de parler comme lui ! On devait y aller ensemble ! Tu mens !

— Non. »

Daniel allait partir à Londres, s'installer là-bas. Pas très loin de… Il voulait être seul.

Qu'elle arrête de le regarder comme ça, c'est ce qu'il lui avait dit.

Il voulait un autre métier, une autre vie.

Mais qu'elle arrête ! Ces yeux… C'est incroyable. Ils ont

les mêmes. On ne sait jamais ce qu'il y a au fond. S'ils vous jugent ou pas, s'ils vous encouragent ou pas, s'ils vous aiment ou pas.

« Ah, c'est ça ?

— Quoi ?

— Ce que tu cherchais avec moi ! C'est lui ? Mais dis-le ! Dis-le que c'est lui que tu cherchais !

— Arielle !

— Sauf que moi je ne suis pas lui ! Et que les jumeaux c'est mort, tu m'entends ? Terminé, fini, mort !

— Et toi, Arielle, tu cherchais quoi ?

— Rien ! C'était une erreur ! Une grossière erreur ! Tout est fini, mort ! »

Elle prend son sac, trop grand c'est sûr pour ce qu'elle a à emporter maintenant. Un vertige. Elle avait tout partagé avec Daniel, ses angoisses, ses joies, ses amis, tout. Elle connaissait tout de lui. Il ne lui avait jamais rien caché, elle le connaissait mieux que personne. Alors pourquoi ?

Pourquoi ?

Elle s'accroche à la chaise. Attend que le vertige passe.

« Arielle, ça va ? Il faudrait que tu te reposes...

— C'est ça ! Et que je dorme toute la journée ! Que je devienne un bibelot posé sur une commode ? »

Il se lève, prend sa sacoche, elle est lourde tout à coup, regarde sa montre, il a un rendez-vous dans trente minutes à l'autre bout de Paris.

« Tu as raison, c'était une erreur. Il vaut mieux le prendre comme ça. »

Il sourit, mais son sourire a cessé d'être beau.

Le ciel est noir et pèse terriblement.

Il y a un banc au coin de la rue, elle s'assied.

Tout cela est d'une banalité à pleurer. Et c'est ce qu'elle fait, assise sur son banc, elle pleure.

Qui appeler ?

Qui ?

Elle n'est qu'une petite fille sur un banc.

Qui appeler ?

Tous ces gens dans la rue, qui font des courses, qui en appellent d'autres au téléphone, qui prennent des décisions, qui se hâtent, tous ces gens, ces amoureux qui se parlent une cigarette à la main, cet enfant que l'on gronde, ces ados qui s'en tapent, cette femme âgée qui goûte sa promenade, peut-être que c'est la dernière, mais elle avance, pas à pas.

Même si c'est difficile, même si ça fait mal, elle avance.

C'est ce qu'il avait voulu ?

Qu'elle avance ?

Il avait souri dans le cerisier. Te reste ta vie. Te reste encore toute une vie.

Elle avancera.

Il avait voulu se séparer d'elle quand il était vivant ? Elle se séparera de lui, mort.

Elle avancera.

Sera nouvelle, une.

Et ne dormira plus.

Et appellera Michèle, Isis, Marion, Pauline et Sally. Elles

avaient traversé tant de fleuves, elles comprendraient les silences d'Arielle.

Te reste encore toute une vie, vis-la.

Elle va prendre le métro.

Faire une valise.

Retrouver dans les cartons à la cave les pinceaux, les vernis, les huiles, les éponges, les essences et la térébenthine.

Et partir.

Quand elle arrive chez elle, elle jette la corbeille de thés et de fruits confits loin, dans une grande poubelle de la rue. Elle n'était pas une secrétaire de direction que son supérieur remercie pour ses bons et loyaux services. Elle avait été assez bête pour imaginer que Jack aurait choisi de lui donner un de ses pulls, celui qu'il aimait le plus, pour qu'elle puisse le porter la nuit quand il n'était pas avec elle, ou un paquet de spaghettis parce qu'il ne pouvait pas se passer d'en manger au moins trois fois par semaine, ou même un petit bracelet en toc (oh la valeur, elle s'en fichait complètement), pour qu'elle ait tous les jours un peu de lui à son poignet. Il avait laissé quelqu'un d'autre choisir à sa place. Il ne voulait avoir aucune dette envers elle. Être quitte. Mais jamais il ne le serait. Ce qu'elle lui avait donné n'avait rien à voir avec une corbeille de friandises. Elle lui avait donné le peu qu'il lui restait d'elle. Et même si elle n'avait été que cette moitié que la vie lui avait laissée, si elle n'avait été que la moitié de son âge, la moitié de ses nuits sans sommeil, la moitié ou même le quart de sa raison, elle avait été tout entière à lui.

« Arielle ! »

Mathieu est rentré.

Il a acheté un assortiment de spécialités italiennes chez un des meilleurs traiteurs de Paris, et deux bouteilles de chianti, exceptionnel, aux dires du patron.

Il allume la radio, depuis deux jours il n'a pas arrêté une seconde, il n'est plus au courant de rien, il voudrait savoir, savoir si enfin... ? Et en effet, une vulcanologue annonce que c'est la fin. L'Eyjafjöll se stabilise. Dès le lendemain, les avions pourront décoller à nouveau, la vie reprendre son cours entre le nord et le sud, l'est et l'ouest, entre Londres et Paris.

« Eh ben, ce n'est pas trop tôt ! »

Il peut éteindre la radio.

Il dispose les antipasti dans les assiettes, verse le vin dans les verres ballon, allume des bougies sur la table.

« Arielle, qu'est-ce que tu fais, tu viens ? Je meurs de faim ! »

Et Arielle descend, elle a pris cette habitude, quand il appelle elle vient.

« Ah, enfin ! »

Il va pouvoir se détendre un peu maintenant, il l'a bien mérité. L'état du bébé du préfet continue à s'améliorer, et depuis cet après-midi ils savent, c'est sûr maintenant, qu'ils sont deuxièmes au classement national. Deuxième meilleure clinique de France, tu imagines ? Ça va leur faire une de ces publicités ! Et ça va peut-être enfin calmer Benoît et ses airs supérieurs. Ils ont prévu de fêter ça la semaine prochaine dans un trois étoiles. Il faudra qu'elle se fasse belle, comme elle sait si bien le faire quand elle veut.

Ce soir, il peut enfin se détendre.

Tout va bien, le chianti est un peu jeune, mais il se laisse boire, et sa femme a l'air un peu ailleurs comme d'habitude, mais heureusement il y a les comprimés.

« J'ai croisé Le Bihant, il a bien insisté, c'est mieux si tu continues le traitement encore quelque temps.

— Non merci.

— Comment ça, non merci ?

— J'ai regardé sur Internet… Il y a une molécule… »

Elle se renseignait sur Internet, maintenant ? Pourquoi elle ne lui demandait pas à lui ? Il est médecin, non ? Ça au moins personne ne pouvait le remettre en question, pas même Internet, il n'y avait qu'à regarder la liste de ses patientes. Mais est-ce qu'elle sait ce qu'est une molécule ? Évidemment, elle ne sait pas. Mais elle fait comme tout le monde, c'est tellement plus simple de faire comme tout le monde, de suivre le troupeau. Un troupeau d'imbéciles. Aujourd'hui, tout le monde voulait se soigner sur Internet. Et après les gens arrivaient dans son cabinet, et tout juste s'ils ne faisaient pas la consultation à sa place. Sauf que les gens ne comprennent rien à ce qu'ils lisent, parce qu'ils ne sont pas médecins. En revanche, s'ils ont un problème les gens, si ça tourne mal, c'est pas Internet qu'ils vont attaquer en justice. Ah ça Internet, pas touche ! Mais puisque c'est la mode, la tendance comme on dit à la radio, elle n'avait qu'à faire comme les gens, consulter Internet.

« Et qu'est-ce qu'il dit ton Internet ?
— Que ces somnifères contiennent une molécule…
— Une chose dont tu ignores tout, on est d'accord. Excuse-moi, mais les gens qui parlent de choses qu'ils ne connaissent pas, moi ça me paraît surréaliste, mais bon… Donc ?
— Et cette molécule semblerait provoquer des effets indésirables. J'ai lu des témoignages…
— Qui sont… ? Ces effets indésirables ? Quand on accuse, il faut être précis, Arielle.
— Par exemple… Appeler des gens en pleine nuit.
— Tu appelles des gens en pleine nuit, toi ?
— Il se trouve que ça vient de m'arriver, oui. Michèle et…
— Et qui ?
— Et… et je ne m'en rends pas compte. »
Et ça, il fallait en faire tout un drame ? En tout cas, en ce qui le concerne, mais c'est vrai qu'il n'est que médecin, pas Internet, ça ne lui paraît pas un symptôme suffisant pour démontrer une contre-indication. Mais il en parlera à Le Bihant, un des plus grands spécialistes en la matière sur la place de Paris, cela dit en passant. À son avis, Le Bihant en tirera la même conclusion que lui, à savoir qu'elle peut, qu'elle doit même, continuer le traitement.
Non, elle ne préfère pas.
C'est elle qui choisit. Si elle préfère prendre le risque de ne pas dormir plutôt que celui d'appeler, hypothétiquement, Michèle… Parce que finalement ça n'était arrivé qu'une fois ? À moins qu'elle ne lui ait caché d'autres choses ? Et

puis Michèle qui était censée être, lui semblait-il, sa meilleure amie, pouvait peut-être supporter d'être réveillée une fois par mois ? Elle pouvait peut-être faire ça pour Arielle ? Au moins ça.

Non, elle ne préfère pas.

« Et si j'appelle Michèle quand je dors, je peux aussi faire des choses dont je n'ai pas conscience.

— Par exemple ?

— Je ne sais pas…

— Ah ! Si tu ne sais pas ! »

Si, elle sait. Des choses qu'elle ne veut pas faire habituellement, quand elle n'est pas sous ces somnifères.

« Quoi ? Quelles choses ?

— Avec toi…

— Quoi avec moi ? Quoi ? De quoi tu parles ? Et puis moi je veux tout faire avec toi, évidemment que je veux tout faire avec toi, puisque je t'aime. C'est normal, quand on aime, de vouloir faire tout, sans limite, sans barrière. Je ne vois pas ce qu'il y a d'anormal, je ne vois pas le problème. Tu ne veux pas tout faire avec moi ? »

Elle pose ses mains sur ses genoux. Respire.

« Ah ça, quand on pose une vraie question, il n'y a pas de réponse ! »

Le portable d'Arielle vibre dans le salon.

Elle ne bouge pas.

Il se sert un verre de chianti, le boit d'un trait.

Le portable vibre à nouveau.

Tout est immobile et serré dans la cuisine.

« Tu ne vas pas voir ? »

Elle avale une gorgée de vin.

« Non.

— Pourquoi ? Un message à vingt-deux heures trente, c'est peut-être important. Qui peut bien te laisser un message à vingt-deux heures trente ?

— Je ne sais pas.

— Tu devrais aller voir.

— Non, je n'ai pas envie. »

Il se ressert un verre.

Et tout d'un coup, il en a vraiment assez, il se lève, il va chercher le portable dans le salon. Il lit d'abord le message à voix basse pour lui, puis à voix haute, pour Arielle :

« Arielle, je suis désolé. I love your twin. Jack.

« Jack ?… Mais c'est qui ça, Jack ?

— Tu ne le connais pas.

— Jack ? Jack ? Jack ? »

Il dit ça comme une poule qui caquette, quand elle en poursuit une autre dans la basse-cour.

Jack, Jack, Jack ? Jack, Jack, Jack ? Jack, Jack, Jack ?

Il caquette de long en large dans la pièce, encore et encore :

Jack, Jack, Jack ? Jack, Jack, Jack ? Jack, Jack, Jack ?

Et à la sonorité du mot, ça lui revient bien sûr !

« Le type de l'aéroport ! C'est ça ?

— Oui…

— Pourquoi tu me dis que je ne le connais pas ?

— Tu ne le connais pas bien.

— Parce que toi, tu le connais bien ?

— Non mais…

— Jack, Jack, Jack ! Ce monsieur propre, prêt à aider tout le monde ? C'est ça, le type avec qui tu... ?

— Arrête !

— Ce type qui se permet de donner des leçons de morale à tout le monde ! I love your twin ! I love ton cul, oui !

— *Twin*, ça veut dire jumeau... Frère jumeau.

— Te fous pas de ma gueule, d'accord ! »

Elle s'était bien foutue de sa gueule ! Michèle, les retards, les taxis qui ne savaient pas faire leur boulot, les embouteillages à minuit, elle s'était bien foutue de sa gueule ! Et d'ailleurs ça fait combien de mois qu'elle lui ment ? Combien de temps ? Parce que ça doit pas être le premier, le monsieur propre ! Combien de temps qu'elle se fout de sa gueule ? Mais qu'est-ce qu'elle croit, qu'il est aveugle ? Et les appels en pleine nuit ? Elle croit qu'il n'a pas compris ? Ah, elle a bon dos Michèle ! Il voulait pas y croire, jamais il aurait pensé qu'elle... Ah, ils s'étaient bien foutus de sa gueule tous les deux !

« C'est pas ça... C'est pas une question de...

— Ah oui ? Je vais l'appeler moi, ton Jack, et on va voir si c'est pas une question de ! On va bien voir !

— Non ! »

Et il appuie sur la fonction rappel, c'est si simple.

« Mathieu à l'appareil, le mari de la femme avec qui tu baises. Alors maintenant va falloir que tu sois clair, mon gars, parce que ma femme, tu vois, elle dit qu'il ne se passe rien, que c'est pas une question de ! Tu dis quoi, toi, hein ? Que c'est fini, c'est ça ? Tu vois, il dit que c'est fini ! Et s'il dit que c'est fini, c'est qu'il s'est passé quelque chose. Hein, mon gars, qu'il s'est passé quelque chose ? »

Elle va pour lui prendre le téléphone.

« Attends ! Elle te harcèle, c'est ça ?

— Mathieu, arrête, s'il te plaît !

— Attends, je te dis, je lui parle ! C'est elle qui te harcèle ?… Il dit que c'est toi qui le harcèles, mais lui, il en a marre, tu vois ! Alors qu'est-ce que je lui dis à ton mec ?

— C'est pas mon mec, c'est pas une histoire de…

— Bon écoute, mon gars, visiblement, vous n'êtes pas d'accord ! Elle, elle dit que t'es pas son mec, qu'il s'est rien passé, que c'est pas une histoire de… Et toi, tu dis quoi ? Que c'est elle qui était amoureuse de toi ? Eh ben, je vais lui demander ! Alors c'est vrai, tu étais amoureuse de lui ? Hein ? Tu es amoureuse de lui ?

— Oui.

— Quoi ? Dis-le-lui en face ! Qu'il l'entende bien, comme ça vous serez d'accord tous les deux ! Tu es amoureuse de lui ?

— J'ai été amoureuse, oui.

— Répète ! Qu'il l'entende bien !

— J'ai été amoureuse de lui ! »

Il lâche le téléphone. Un cri déchirant, énorme, dans le salon.

Il s'avance vers elle, il a changé de visage, elle ne le reconnaît plus.

« Tu te rends compte de ce que tu viens de dire ? Devant moi ? L'homme avec qui tu vis depuis plus de huit ans ? Que tu es amoureuse de lui ! De lui ! »

Elle recule, il fait tellement peur avec ce nouveau visage.

Il éclate de rire. Un rire énorme, colossal.

Il a fait semblant. Il ne lui a pas dit un mot à son rond-de-cuir. Pas téléphoné ! Il voulait juste savoir ce qu'elle avait au fond des tripes. Eh ben là, il a vu ! Pour une fois il a bien vu ! Ils s'étaient bien foutus de sa gueule tous les deux ! *I love your twin*, tu parles ! Mais maintenant il allait appeler sa femme.

« Non ! »

Elle a peur, hein ? Elle se souvient, là, tout à coup qu'il a une femme ! Eh ben lui aussi, tout à coup, il s'en était souvenu de sa femme et de ses enfants ! Elle, évidemment, elle en a rien à taper ! Mais est-ce qu'elle se rend compte qu'elle détruit une famille ? Tandis que l'autre, le monsieur propre, il est blanc comme neige, il détruit rien parce qu'il y a rien à détruire ! Y a pas de famille ! Pas d'enfant ! Elle est même pas foutue d'en avoir ! De toute façon, elle en a jamais voulu, si elle croit qu'il a pas compris ! Avoir des enfants avec lui, ça l'intéresse pas, tandis qu'avec l'autre, là, peut-être… Peut-être qu'avec lui elle voulait avoir des enfants ? Peut-être ? Pourquoi elle répond pas ? Pourquoi elle sourit ?

« Je ne souris pas.

— Me prends pas pour un con ! Tu voulais avoir des enfants avec lui ?

— Non… »

Tu parles ! Ils s'étaient bien foutus de sa gueule ! Ils en avaient bien profité ! En tout cas, l'autre là, il avait bien profité d'elle ! De son cul ! De sa faiblesse ! Et maintenant qu'il lui disait qu'il fallait tout arrêter, elle arrêtait ! Mais pourquoi c'étaient toujours les autres qui lui disaient ce qu'il fallait qu'elle fasse ? Elle était même pas foutue de décider toute seule ! Est-ce qu'elle se rendait compte de la merde qu'elle était ? Comment voulait-elle que les gens lui fassent confiance ? Même son Jack, il avait dû se rendre compte qu'on ne pouvait pas lui faire confiance ! C'est peut-être même pour ça qu'il avait arrêté ! Il avait dû se rendre compte de la pauvre merde qu'elle était ! Et il avait préféré aller voir ailleurs ! Ou retourner avec sa femme !

« Je vais l'appeler, tiens, sa femme !

— Arrête ! »

Si elle se voyait ! L'état dans lequel ça la met ! Ça fait des mois qu'il ne l'a pas vue réagir comme ça ! Avoir des tripes ! C'est sûr que c'est pas pour lui qu'elle en aurait des tripes, pour lui, ça ne l'intéressait pas !

Il est tout près d'elle, il a de la bave au coin de la bouche.

« Hein que pour moi ça t'intéresse pas ? »

Elle sait que rien ne l'arrêtera.

La porte d'entrée est à quelques mètres, elle prend son sac, son téléphone.

Il est plus rapide qu'elle.

« Qu'est-ce que tu fais ?

— Je m'en vais.

— Non, tu ne t'en vas pas !

— Pourquoi ? »

Il sourit, il a les dents rouges de chianti.

« Parce que je ne veux pas. Je ne veux pas, tu comprends

ça ? Alors tu vas rester, et tu vas faire ce que je veux, tu comprends ? »

Il la traîne jusqu'à l'escalier.

« Monte.

— Non. »

Il arrache son sac, l'envoie valdinguer dans le salon.

« Monte, tu m'entends ! Fais ce que je te dis, espèce de sac à merde ! Monte ! »

Alors elle monte. Que peut-elle faire d'autre ? Elle monte, lentement. Absorbe chaque marche de l'escalier, s'assurant d'arriver droite et debout encore au premier étage. Une fois là-haut, elle se retourne ; il se sert un verre et le vide. Elle se précipite dans la chambre, ferme la porte à clé. Elle tremble mais ne veut pas trembler, elle essaie de respirer calmement, réfléchir calmement. Qu'est-ce qu'elle peut faire ? Daniel, s'il te plaît, qu'est-ce que je peux faire ?

Le parquet du premier étage craque. Il arrive. Elle l'entend grogner dans le couloir. Il est à la porte. Il tourne la poignée.

« Ouvre !

— Non.

— Ouvre, je te dis ! Sinon je défonce cette putain de porte ! »

Il le fera, elle le sait.

Alors elle ouvre la porte.

Il est devant elle, immense, démesuré.

Il prend son bras et le tord.

« Ça t'a pas suffi ? Tu veux continuer à te foutre de ma gueule ? T'allais le rejoindre, c'est ça ? Mais réponds, espèce de pute, t'allais le rejoindre ? Mais ose le dire ! Ose dire qui tu es, pour une fois ! T'allais le rejoindre, c'est ça ? »

Il la jette sur le lit, s'assied sur elle. Il pèse lourd, le poids de sa haine.

Elle ne peut plus rien sous ce poids.

Elle ne va pas se relever de sitôt. Plus jamais debout ! Plus bas que terre ! Une serpillière pour les chiottes ! Il la prend par les cheveux, à pleines mains. Elle hurle. Elle peut hurler si elle veut, personne ne l'entendra, personne ne viendra la chercher ! Et surtout pas son Jack qui n'en a rien à foutre de sa gueule ! Et même son Daniel, qui lui aussi a fini par foutre le camp ! Maintenant elle est toute seule !

« Regarde-moi ! Regarde-moi, salope ! »

Et elle le regarde. Elle voit une mer démontée que rien n'arrête.

Elle aurait dû partir. Dès les premiers signes. Ne pas le laisser s'introduire en elle. Mettre un monde entre elle et lui. Elle aurait dû partir, dès le début.

Elle ferme les yeux. Dans le cerisier, Daniel est là. Elle sait, elle, qu'il sera toujours là. Il sourit, elle lui sourit en retour.

« Parce qu'en plus ça te fait rire ? Eh ben, tu vas pas rire longtemps, sale pute ! Regarde-moi ! »

Et il la force à ouvrir les yeux.

Elle voit son bras, la paume de la main ouverte. Il va chercher dans l'air la force pour la cogner, lui donner la bonne trempe qu'elle mérite, cette conne, cette pute, cette sale… Son bras retombe inerte. Une quinte de toux. Est-ce la rage qu'il a en travers de la gorge ? Le paquet de cigarettes fumé dans la soirée ? Il lâche les cheveux et s'écroule en suffoquant sur le lit.

Elle se lève, se précipite hors de la chambre, dévale l'escalier, cherche son sac dans le salon.

Elle l'entend, il tousse et crache à l'étage.

Tant qu'il tousse, elle a du temps.

Elle trouve le sac, mais son portable ?

Il a dû glisser quelque part tout à l'heure, quand il a jeté le sac dans le salon.

Elle écoute… Tant qu'il tousse, elle a du temps.

Elle cherche sous la table.

Tant qu'il tousse, elle a du temps.

Sous le canapé, les fauteuils.

Tant qu'il tousse, elle a du temps.

Elle écoute… Il ne tousse plus. Il est là, énorme et déchaîné en haut de l'escalier.

« Qu'est-ce que tu fous ? Mais qu'est-ce que tu fous, putain ? Tu vas le rejoindre, c'est ça ? »

Elle se relève, tant pis pour le portable, le regarde, droite, dure et déterminée, comme elle ne l'a encore jamais regardé, se précipite vers la porte, cette porte fermée à double tour depuis huit ans. Elle l'ouvre enfin et sort.

Prendre à gauche ? À droite ? Une chance sur deux pour qu'il choisisse la même direction qu'elle, et il la rattrapera, et il la ramènera à la maison, et il fera d'elle ce qu'il voudra parce qu'il a pour lui le pouvoir et la force.

Une chance sur deux.

Elle prend à gauche. À quelques mètres, une voiture, elle se cache. Elle le voit sortir, ne sait plus si elle respire ou pas.

Il regarde dans la nuit, à gauche, à droite, encore à gauche…

Une chance sur deux.

Il choisit la droite.

Le hasard ou la chance ? Ou le signe que plus rien ne les lie, même la plus petite des intuitions ?

Elle le voit s'éloigner en hurlant comme une bête dans la nuit. Elle attend qu'il soit suffisamment loin, peut-être deux cents mètres, et elle court dans la rue déserte, elle court, se retourne, s'assure qu'il ne l'a pas vue, non, il ne l'a pas vue, elle court, bifurque, prend une petite rue sur la droite, court loin.

Loin de lui.

Elle s'arrête.

Elle est arrivée à la porte de Paris.

Elle réajuste son sac sur son épaule.

Elle ne reverra plus Mathieu, plus jamais.

Bientôt, elle se penchera à nouveau pour prendre de l'eau à la rivière.

Bientôt, elle mettra des hommes, des femmes dans un tableau.

Une ardeur fragile au bord de la vie mais avant tout une ardeur.

Elle hèle un taxi, donne l'adresse de Michèle.

Elle sait. C'est ce que Daniel avait voulu lui donner en partant, la force de prendre cette liberté.

Et de naître à nouveau.

Tout pouvait recommencer.

Je voudrais remercier, pour leur soutien, leur accompagnement et leur précieuse complicité, par ordre d'entrée en scène dans l'élaboration de ce livre :

Le prix MATMUT : « L'édition de votre premier roman ».
Denis Gombert
Jean-Étienne Cohen-Séat
Béatrice Duval
Denis Bourgeois
François Peyrony
Marc Périneau
et Rachel Périneau.

Composition UTIBI
Impression Grafica Veneta S.p.A.
à Trebaseleghe (Pd).
Dépôt légal : septembre 2016

ISBN : 978-2-207-13542-6/Imprimé en Italie

305618